本书系全国教育科学"十三五"规划2019年度教育部重点课题
"基于创新人才培养的高中数学建模教学实践研究"(课题批准号：DHA190434)研究成果

数学建模：
推进中学育人方式改革的数学"模"力

苏圣奎 著

厦门大学出版社 国家一级出版社
XIAMEN UNIVERSITY PRESS 全国百佳图书出版单位

图书在版编目(CIP)数据

数学建模:推进中学育人方式改革的数学"模"力/苏圣奎著.—厦门:厦门大学出版社,2022.3
ISBN 978-7-5615-8546-7

Ⅰ.①数… Ⅱ.①苏… Ⅲ.①数学模型—教学研究—中学 Ⅳ.①G633.602

中国版本图书馆 CIP 数据核字(2022)第 048565 号

出 版 人	郑文礼
责任编辑	李峰伟
美术编辑	李嘉彬
技术编辑	许克华

出版发行	厦门大学出版社
社　　址	厦门市软件园二期望海路 39 号
邮政编码	361008
总　　机	0592-2181111　0592-2181406(传真)
营销中心	0592-2184458　0592-2181365
网　　址	http://www.xmupress.com
邮　　箱	xmup@xmupress.com
印　　刷	厦门市金凯龙印刷有限公司

开本	720 mm×1 020 mm　1/16
印张	11
插页	1
字数	200 千字
版次	2022 年 3 月第 1 版
印次	2022 年 3 月第 1 次印刷
定价	45.00 元

本书如有印装质量问题请直接寄承印厂调换

厦门大学出版社
微信二维码

厦门大学出版社
微博二维码

序 言

在国家推进育人方式改革、大力培养综合型拔尖创新人才的时代背景下,中学阶段作为引导学生树立远大志向、开发创新思维、早期发现和挖掘创新人才的黄金时期,构建创新人才培养体系将为国家深入实施科教兴国战略、人才强国战略和创新驱动发展战略播下创新的"种子".数学是自然科学、社会科学发展和重大技术创新的基础,从人类科技发展的历史上看,几乎所有的重大发现都与数学的发展进步相关.因此,中学数学教育应重视提升学生数学应用能力和创新思维,培育品学兼优、热爱数学、有志于从事数学研究的后备人才.

中学传统的数学教育重视解题能力的训练,对数学应用意识、动手能力、合作精神、创新思维的培养不足,方式单一,在创新人才的早期培养方面缺乏有效的实践举措.数学建模教学以现实问题为背景,启发学生数学思维,挖掘创新潜质,不仅有利于推动数学建模核心素养落地,丰富中学创新人才培养策略,在构建中学跨学科融合教学体系、发展数学创新教育和改革中学育人方式方面也具有积极的推动作用.

苏圣奎老师的著作《数学建模:推进中学育人方式改革的数学"模"力》将中学数学建模教育和创新人才培养进行融合研究,令人眼前一亮.初步研读,本人认为,本书将带给读者以下三个方面的启示:

一是融入STEAM教育理念,发挥课程育人功能.课程是人才培养的核心要素,是影响学生发展的最直接变量,课程质量直接决定着人才的培养质量.本书关注数学建模在高中多个学科核心素养之间的强相关性,面向不同层次的学生,构建数学建模进阶式课程体系,以现实生活问题为研究对象,引导学生合作探究解决问题的最优方案;让学生理解数学,并能运用数学知识解构大自然中的万事万物,获得追求美好生活、服务社会的正确价值观、必备品格和关键能力,成长为热爱生活、敬畏自然、尊重科学、勇于创新的新时代人才,发挥数学建模课程的育人功能.

二是整合社会教育资源,推动校企共育人才.《普通高中课程方案(2017年版2020年修订)》强调学校要统筹各方力量,联合大中小学校、科研院所、企事业单位开发课程资源,为课程实施创设条件,为学生提供实践机会.本书通过构建包括数学建模实验室、数学建模社团、校企合作创新实践基地、厦门地区数学建模联合研习活动等多个具体载体的数学建模综合活动平台,让学生在社团活动中交流合作,在实验室探究实践,在实践基地应用创新,从而满足学生的个性化学习需求,形成校企协同育人模式.

三是重视建模素养评价,展望高考命题方向.评价是教育活动的关键环节,是反馈教育教学成效的核心工具.本书在构建高中生数学建模素养评价指标体系的基础上,对数学高考中具有STEAM教育理念的数学文化试题和高中数学建模(应用)能力展示活动的测试题进行分类评析,为数学建模素养评价和高考命题方向提出了富有价值的观点和建议.

最后,由衷希望本书能成为一线数学教师、教研员等教育工作者开展中学数学建模教学研究和组织数学建模活动的工作指南,也为中学数学教育改革与创新人才培养的有效融合提供借鉴与参考.

福建师范大学

2022年3月6日

前　言

《中共中央关于制定国民经济和社会发展第十四个五年规划和二〇三五年远景目标的建议》部署的12方面重大任务中,"坚持创新驱动发展,全面塑造发展新优势"列在首位,强调"深入实施科教兴国战略、人才强国战略、创新驱动发展战略,完善国家创新体系,加快建设科技强国".在这样的时代背景下,教育的根本目标指向培养具有科学精神、人文素养、创新思维、实践能力和合作意识的全面发展型创新人才.数学是自然科学的基础,也是重大技术创新发展的基础,加强数学科学研究和创新人才培养的迫切性已成为国家和社会层面的共识.

数学建模作为用数学语言表达现实世界的核心素养,也是实施STEAM教育的跨学科融通工具,在创新人才培养方面扮演重要角色.本书立足于推进中学育人方式改革,针对当前中学数学建模教学和课程的缺失问题,构建中学数学建模课程体系、活动平台和评价机制,面向不同层次的全体学生开展数学建模教学实践研究,总结提出以"数模三阶课程"培养具有知识、见识、胆识和自主、自律、自信品质的"三识三自"创新人才的理论架构和实践路径.该研究成果获得2020年福建省基础教育教学成果一等奖.

本书共有五章.第一章是中学数学建模与创新人才培养.从新中国的九次课程改革和中学数学建模的育人功能出发,阐述新时代课程改革的目标指向是培养全面发展的创新人才,数学建模教学在推进中学育人方式改革中发挥重要作用,是创新人才早期培养的有效载体.

第二章是中学数学建模课程设计与实施.通过介绍STEAM教育,阐述STEAM教育与数学建模融合的意义,并借鉴学习进阶开发模式中的伯克利评价系统,构建高中数学建模进阶式课程体系,结合三个案例阐述课程的实施路径.

第三章是中学数学建模活动组织与实践.以厦门地区数学建模联合研习

活动的组织为例,阐述数学建模活动的平台构建和组织流程.此外,通过介绍国内外比较有影响力的中学生数学建模竞赛,提出指导学生参加数学建模竞赛的相关策略.

第四章是高中生数学建模素养评价研究.通过构建高中生数学建模素养水平评价指标体系,以数学建模活动小组为评价对象开展群体评价,并对2016—2020年数学高考中具有 STEAM 教育理念的数学文化试题和2020—2021年的高中数学建模(应用)能力展示活动的测试题进行分类评析,为数学建模素养评价和高考命题方向提出观点与建议.

第五章是中学生数学建模论文写作指导.通过介绍数学建模论文的写作框架,厘清数学建模论文写作的规范要求,指出论文各要素的撰写策略,并通过展示和点评两个高中生优秀数学建模作品,呈现高中生解决实际问题过程中所表现出来的建模素养、创新潜质、学术水平和文字功底,从侧面反映了高中生具有可塑性强、创新能力佳、建模素养高的潜质.

本书是全国教育科学"十三五"规划2019年度教育部重点课题"基于创新人才培养的高中数学建模教学实践研究"(课题批准号:DHA190434)的研究成果,感谢我的博士生导师陈清华教授在课题研究过程中提供的指导与帮助,以及在学术研究和专业发展上的鼓励与鞭策!

最后,希望书中的实践经验与教育感悟能对广大教育同仁具有借鉴价值.

苏圣奎

2022 年 2 月

目　录

第一章　中学数学建模与创新人才培养

002　第一节　中学育人方式改革是人才强国战略的必然要求

008　第二节　数学建模是撬动中学数学创新教育的"支点"

第二章　中学数学建模课程设计与实施

012　第一节　基于数学建模素养培养的中学数学实验教学策略与启示

019　第二节　基于 STEM 的中学数学建模课程设计

031　第三节　MRS 课程案例
　　　　　　——初阶篇

051　第四节　MRS 课程案例
　　　　　　——中阶篇

056　第五节　MRS 课程案例
　　　　　　——高阶篇

第三章　中学数学建模活动组织与实践

067　第一节　中学数学建模活动组织与实践策略
　　　　　　——以厦门地区数学建模联合研习活动为例

082　第二节　中学生数学建模竞赛及指导

第四章　中学生数学建模素养评价研究

- 099　第一节　基于创新人才培养的中学生数学建模素养评价指标体系
- 109　第二节　STEAM教育视角下的高考数学文化试题评析与展望
- 123　第三节　基于数学建模素养考查的高考命题展望

第五章　中学生数学建模论文写作指导

- 144　第一节　数学建模论文的框架与内容
- 151　第二节　中学生数学建模优秀作品示例

第一章
中学数学建模与创新人才培养

《中共中央关于制定国民经济和社会发展第十四个五年规划和二〇三五年远景目标的建议》指出"坚持创新驱动发展,全面塑造发展新优势",明确"深入实施科教兴国战略、人才强国战略、创新驱动发展战略",三大国家战略直接指向创新人才的培养.创新人才之所以成为国家战略需求,缘于"我国基础科学研究短板依然突出,数学等基础学科仍是最薄弱的环节",必须"潜心加强基础科学研究,对数学、物理等重点基础学科给予更多倾斜".数学是自然科学的基础,也是重大技术创新发展的基础,加强数学科学研究和创新人才培养的迫切性已成为国家和社会层面的共识.中学阶段是学生树立远大志向、挖掘创新潜质和培养专业志趣的黄金时期,肩负着时代赋予的重要使命——开展数学创新教育,培育早期创新人才.

数学建模是一种通过抽象、数据拟合建立数学模型来解决现实生活问题的数学方法.中学数学建模教学是以现实问题为背景,启发学生数学思维,挖掘创新潜质,借助多学科工具和信息技术手段,引导学生经历问题解决的思维与实践过程.中学阶段开展数学建模教学活动,不仅有利于推动数学建模核心素养落地,丰富中学创新人才培养策略,而且在构建中学跨学科融合教学体系、发展数学创新教育和改革中学育人方式方面都具有积极的推动作用.

第一节 中学育人方式改革是人才强国战略的必然要求

一、我国课程改革的发展历程

自新中国成立以来,为适应不同时期社会发展需要,我国共经历九次基础教育课程改革,以课程改革推动人才培养,为国家经济建设和社会发展服务.追溯我国各阶段课程改革的发展历程,每次课程改革呈现出不同的特点(表1-1-1).[1]

表 1-1-1 新中国九次课程改革信息

次 序	改革时间	改革举措
第一次	1949—1952	教育部颁发了《中学暂行教学计划(草案)》,这是新中国第一份教学计划(1950年8月).设置了门类齐全的学科课程,政治、语文、数学、自然、生物、化学、物理、历史、地理、外语、体育、音乐、美术等课程. 1952年3月,教育部颁布了《中学教学计划(草案)》,同年10月,颁布了新中国成立以来第一份五年一贯制小学的《小学教学计划》
第二次	1953—1957	这四年时间中,国家共颁布了五个教学计划,其中在1953—1955年颁布的三个计划中,大幅削减了教学时数,首次在教学计划中设置劳动技术教育课. 1956年国家正式发行新中国成立以来的第二套中小学教科书,这套教材理论性有所加强,特别注意了学生动手能力的培养
第三次	1958—1965	这一时期是我国经济发展的重要时期,同时也是"左"倾思想影响萌芽的时期. 1958年"大跃进"引发了"教育大革命",大量缩短学制,精简课程,增加劳动,注重思想教育,还出现了多种学制的改革试验
第四次	1966—1976	在十年"文化大革命"中,学校课程和教学受到极大影响,原有的中小学教材被视为资产阶级的产物而禁止使用,各地成立了教材编写组,对教材进行重新修订和编写

续表

次 序	改革时间	改革举措
第五次	1977—1980	1978年颁发《全日制十年制中小学教学计划试行草案》,统一规定全日制中小学学制十年,小学五年,中学五年. 1980年出版了新中国成立以来全国统编第五套中小学教材
第六次	1981—1984	1981年教育部根据邓小平"要办重点小学、重点中学、重点大学"的指示精神,颁发了《全日制六年制重点中学教学计划(试行草案)》并修订颁发了五年制小学和中学教学计划. 根据新教学计划的要求,人教社立即组织编写了第六套教材. 1984年教育部颁发了六年制城市小学和农村小学教学计划,对数学、外语、自然常识、劳动课程分别提出了不同的要求,同时对教学大纲也进行了重新修订,于1986年颁发了小学、初中各科教学大纲
第七次	1985—1999	1986年《中华人民共和国义务教育法》正式颁发. 在此期间,国家教委正式颁发《九年义务教育全日制小学、初级中学课程方案(试行)》《全日制普通高级中学课程计划(试验)》. 教学计划改为课程计划.小学和初中的课程整体设计.课程结构由学科类课程和活动类课程组成,还留有地方课程. 教育部1998年12月24日制定、国务院1999年1月13日批转了《面向21世纪教育振兴行动计划》(实施"跨世纪素质教育工程"). 1999年6月13日颁布的《中共中央国务院关于深化教育改革全面推进素质教育的决定》
第八次	2000—2012	1999年10月至2001年4月,研制并颁布义务教育阶段各学科课程标准. 2001年至2003年,研制普通高中课程方案和各学科课程标准. 2000年10月至2001年4月,编写出版义务教育阶段各学科课程标准实验教科书. 2003年至2004年,编写普通高中课程标准实验教科书. 2001年9月,首批38个国家级新课程实验区,开始实施义务教育新课程. 2004年,山东、广东、宁夏、海南四省(区)成为首批高中新课程实验区. 2006年9月,全国进入义务教育新课程实施阶段. 2010年至2011年全国进入高中新课程. 2007年,启动义务教育阶段各学科课程标准征求意见和修订工作

续表

次　序	改革时间	改革举措
第九次	2013至今	2013年,教育部组织课题组分别研究高考改革、高中课程改革、高中的性质和中国学生发展核心素养. 2014年9月,以国务院发布的《关于深化考试招生制度改革的实施意见》为标志,上海、浙江率先启动新高考改革;2017年,北京、天津、山东、海南四地加入第二批试点行列.至2021年,全国共有21个省市启动新高考改革. 2016年9月,北京师范大学发布研究成果《中国学生发展核心素养》. 2017年12月,教育部发布《普通高中课程方案和语文等学科课程标准(2017年版)》. 2018年8月,教育部印发《关于做好普通高中新课程新教材实施工作的指导意见》. 2019年6月,国务院办公厅印发《关于新时代推进普通高中育人方式改革的指导意见》. 2020年1月,教育部考试中心研制的《中国高考评价体系》和《中国高考评价体系说明》由人民教育出版社出版发行

经历前面八次的课程改革之后,随着知识经济和全球化时代的到来,科学技术和人力资源成为社会经济发展和全球竞争的重要资源,越来越多的国家从长远发展的战略高度来重视基础教育.在这样的时代背景下,我国新一轮的新高考、新课程和新教材改革拉开了序幕.

2014年9月,国务院发布《关于深化考试招生制度改革的实施意见》,开启了自1977年恢复高考以来力度最大的一轮高考改革,上海、浙江、北京、天津、山东、海南、福建等21个省市相继启动高考综合改革,探索人才选拔的方向.与之相呼应的新课程、新教材改革也陆续浮出水面.2017年12月,教育部发布《普通高中课程方案和语文等学科课程标准(2017年版)》,同年8月,教育部印发《关于做好普通高中新课程新教材实施工作的指导意见》.这两个文件的出台,充分体现了国家对普通高中课程的规范指导和质量要求,明确了学生在课程和教材改革中应形成的正确价值观念、必备品格和关键能力.为落实习近平总书记在全国教育大会上"构建德智体美劳全面培养的教育体系,形成更高水平的人才培养体系"的讲话精神,《关于新时代推进普通高中育人方式改革的指导意见》《关于深化教育教学改革全面提高义务教育质量的意见》《关于全面加强新时代大中小学劳动教育的意见》三大重磅文件陆续发布,直接指向"五育并举",培养全面发展的人.中学阶段作为学生立德、增智、健体、益美和促劳的黄金时期,肩负着时代赋予的历史使命——培养德智体美劳全面发展的社会主义建设者和接班人.

二、育人方式改革的必要性

(一)培育全面发展人才的需要

21世纪,人类面临着一些问题,如生态环境的恶化、自然资源的短缺、人口的迅速膨胀……以及人的精神力量、道德力量的削弱或丧失,迫使我们必须确立"可持续发展"的观念,培养全面发展的人.

在这样一个发展的时代,大学生可能会遇到从事的职业与所学专业不对口的现象,也可能面临一毕业就失业的局面,他们很可能会为了生存而不断改变所从事的职业.因此,教育目的要由知识本位向人的全面发展转变,这一切要通过课程实施去实现,课程改革势在必行.

培养全面发展的人,首先,要培养科学精神与人文精神.科学精神与人文精神是人类精神的两种基本存在状态,它们相互依存并相互补充,由此构成了人类认识世界和改造世界不可或缺的两种基本方法和精神力量.科学精神是人们在长期科学实践中形成的共同信念、价值标准和行为规范的总和.追求真理的人们用自己的行动捍卫并不断丰富科学精神,让其成为科学文化的内核,成为人类社会进步的重要推力.人文精神就是以人为本和对人的全面发展的终极关怀,包括人的价值、人性的内涵与道德的修养、人格尊严与社会责任心、人的理想等方面,其核心是关于人的价值观念.人的全面发展离不开科学精神与人文精神,科学精神和人文精神是贯穿在人类认识、协调、变革自然的科学技术活动与人类探索人世、处理人世的人文活动过程中的精神实质,它们唤起人发展的欲望和激发起人发展的动机与动力,从而支配和支撑着人的终身发展.

其次,要培养创新精神和较强的实践能力.创新精神和实践能力是两个既有联系又有区别的概念,两者相辅相成、相互促进又相互制约,是密不可分的辩证统一体.创新精神以某种心理的静态形式存在,是个体在实践活动中创造具有创新意义的产品的基本前提.一个缺乏创新精神的人,只会继承传统,囿于固有的思维模式,是不可能进行创造的.从这个意义上说,创新精神又是创新活动的动力.同样,仅仅具备创新精神也是不够的.创新精神只是提供了创新的可能性,做了必要的心理准备.如果脱离实践,缺乏一定的实践能力,创新精神也就成为无源之水、无本之木,也就不可能有创新产品的产生.创新精神只有作用于实践活动,才有可能最终创造出新知识、新事物、新方法和新产品.

再次,要树立多样化的人才观.美国哈佛大学教育研究院的心理发展学家霍华德·加德纳提出多元智能理论,强调人的智能的个别差异性和多样性,个体具有独特的智能整合方式,构成了其自身的智能结构.其观点冲破了一元智能理论的桎梏,对以考试测验为主要方式、甄选排序为主要目的的传统人才评价体系产生了巨大冲击,为教育者重塑学生观、教学观、评价观、人才观提供了有力的依据.要注重更新教育观念,把促进人的全面发展和适应社会需要作为衡量人才培养水平的根本标准,树立多样化人才观念和人人成才观念,树立终身学习和系统培养观念,造就信念执着、品德优良、知识丰富、本领过硬的高素质人才.要注重培养拔尖创新人才,积极营造鼓励独立思考、自由探索、勇于创新的良好环境,使人才创新智慧竞相迸发,努力为培养造就更多新知识的创造者、新技术的发明者、新学科的创建者做出积极贡献.树立人人都可以成才的观念,打破对人才的狭隘理解.

最后,要培养学生的可持续发展能力.教育的本质是引导学生探索自我,并从发现自我、开启自我到实现自我,进而能不断地超越自我.其目的都是更好地为学生发展服务,务求让学生得到可持续发展的能力,从而促进学生的全面发展.牢固树立以学生为主体的教学观念,保护学生的学习兴趣,激发学生的参与意识,把主动权归还学生,相信每一位学生都能发展,给学生提供更多的参与机会,给学生搭建一个自主学习的舞台,促使学生为了适应未来的生活而努力准备.培养学生积极的人生态度,正确的价值观、人生观和科学的世界观,使学生在学习知识的过程中学会正确的价值选择,逐步具有社会责任感,立志为人民服务,树立远大理想.

(二)课程理论发展趋势

课程是教和学相互作用的媒介和纽带,一方面连接着教育目的和培养目标,是培养目标的具体体现,是实现教育目的的基础;另一方面连接并制约着教学的形式、方法,有怎样的课程及其内容就决定着要采用相应的教学形式和方法.课程理论是教育思想的一部分,学校课程活动要富有成效地进行必然离不开理论的指导,课程理论是课程不可或缺的基础.课程是知识传授的载体,课程理论的产生和发展是课堂教学和教育发展的需要,只有在课程教学实践中才能使课程理论得到创新和丰富.

(1)儿童中心课程理论主张以学生兴趣、爱好、动机、需要等为价值取向,以儿童社会活动为中心来研制课程.它的代表人物最著名的是杜威.其基本内容包括:教育的根本目的是儿童发展;课程的实质是经验;创造出了新的"社会活动中心"课程模式;课程实现了从"学科"到"活动"的历史形态转型.活动课程在美国乃至世界范围内蓬勃发展,成为一种国际思潮.活动课程是对学科课程的修正,其设计专门针对一般课程忽视儿童需要与兴趣的弊端,旨在改变被动、呆板的学习状况.组织活动课程是从儿童的兴趣和动机出发的.

(2)发展主义课程理论是赞可夫从20世纪50年代末开始,经过长达20年的大规模学校实验而总结升华形成的.其理论主题是"教学与发展",理论直接依据是"最近发展区学说",主要观点有:第一,课程应有必要难度.如果学生学习教材没有需要克服的障碍,不需要做出一定的努力,就不能促进学生的发展.第二,要重视理论知识之间的相互联系,成为自觉的学习者.第三,课程、教材要有必要的推进速度.第四,教材的组织要能使学生理解学习过程,即让学生掌握知识之间的联系,成为自觉的学习者.第五,课程、教材要面向学生,特别要促进差生的发展.

(3)人本主义课程理论以人本主义心理学为基础,最著名的代表人物是马斯洛和罗杰斯.人本主义课程理论的主要观点有:人是自然实体而非社会实体;人性来自自然,自然人性即人的本性.他们的共同信仰是每一个人都具有发展自己潜力的能力和动力,行为和学习是知觉的产物,一个人大多数行为都是他对自己的看法的结果.真正的学习经验能够使学习者发现他自己的独特品质,发现自己作为一个人的特征.从这个意义上说,学习即"成为",成为一个完善的人,是唯一真正的学习.

课程理论的研究和开拓之于整个教育事业的发展进步有极其重要的意义,只有在实际的课程教学实践中,课程理论才能得到创新和丰富.课程理论研究需要走向实践,课程改革势在必行.

第二节　数学建模是撬动中学数学创新教育的"支点"

一、创新人才早期培养的发展趋势

综观世界教育领域,有关创新人才早期教育的实验和探索从未停息过.早在19世纪初,美国就出现了创新人才教育的雏形,提倡和重视英才教育.倡导者认为大学时代进行创新教育为时太晚,必须提早在中小学阶段对优秀学生进行包括人品、思想及创新品质在内的特殊教育.英国的英才教育也历经了一百多年的探索,形成了比较成熟的培养体系,其培养目标十分明确:"找出这些孩子,并设计方案让他们发挥自己的才能."此外,俄罗斯、以色列、新加坡、韩国等国家都有长期重视创新人才培养的经验和成果.

我国有关创新人才早期培养的研究与实践可追溯到清末的"幼童留学教育计划",再从改革开放后的"中科大少年班"到2009年教育部、中组部、财政部共同实施"基础学科拔尖学生培养试验计划",教育先辈们为实现中华民族伟大复兴的"中国梦",不断探索着创新人才培养的有效机制.2010年,国家教改项目"探索建立拔尖创新人才培养基地"逐步在全国设立试点学校,试点内容包括:探索贯穿各级各类教育的创新人才培养途径,鼓励高等学校联合培养拔尖创新人才,支持有条件的高中与大学科研院所合作开展创新人才培养研究和试验,建立创新人才培养基地.上海中学、清华附中、深圳中学、成都七中等一批国内知名中学率先开展中学创新人才培养的教育实践,通过构建创新课程、创新实践基地、大中学合作平台等"拔尖创新人才早期培育链",在实践中探索具有区域特色的普通高中拔尖创新人才早期培养模式,教育教学成果丰富,提出了中学创新人才培养的多元策略和实施模式,在国内基础教育领域发挥良好的示范辐射作用.

二、中学数学建模教学的相关实践研究

对于数学学科而言,广大数学教育工作者不遗余力地探索中学数学创新

人才的培养途径,以中学数学建模教学为切入点,激发中学生学习数学的兴趣,增强中学生的数学应用意识,拓展数学视野,提高实践能力,让学生学到真正有用的数学.近几十年来,国际数学教育界对加强数学知识应用的教育给予了充分的关注,尤其是国外数学界特别强调在中学教育中开展问题解决与数学建模教学.受西方国家的影响,20世纪80年代初,数学建模课程引入我国高校,随后迅速发展.1992年,中国工业与应用数学学会举行了我国首届大学生数学建模联赛,随后数学建模教学的热潮也迅速波及中学,如上海"金桥杯"中学生数学知识应用竞赛和北京的"方正杯"中学生数学知识应用竞赛,参加者最多时达4000余人.2000年,在第七届全国数学建模教学与应用会议上,北京理工大学叶其孝教授和北京师范大学刘来福教授分别做题为"深入开展中学生数学知识应用活动"和"北京中学生数学知识应用竞赛"的报告.2001年,第十届国际数学建模教学与应用会议就"中学数学知识应用竞赛和中学数学教育改革"进行了深入研讨.2003年,《普通高中数学课程标准(实验稿)》明确指出"高中阶段至少安排一次数学建模、一次数学探究活动",这标志着数学建模正式进入我国高中数学.2017年,教育部正式发布《普通高中数学课程标准(2017年版)》,将"数学建模"确定为六大数学核心素养之一.

北大附中的张思明老师从1993年开始在数学教学中渗透数学建模的思想和方法,在课堂教学中让学生了解所学知识的应用背景,让学生接触并解决一些现实感强的应用问题;在课外活动中为学生介绍一些数学建模的实例,设计了多种形式的数学活动,引导不同水平的学生用数学解决生活中的实际问题.张思明著有《中学数学建模教学的实践与探索》(1998年)一书,书中就中学数学建模的内容、意义、开展方法和实例分析做了深入探讨[2],为一线教师开展数学建模教学提供了有力的参考.

2018年,数学课程标准修订组组长、东北师范大学原校长史宁中教授在《数形结合与数学模型——高中数学教学中的核心问题》一书中指出,在基础教育阶段,一个好的数学教育,在学生掌握知识和技能的基础上,还应当倾向于培养学生的数学思维习惯和能力:会在错综复杂的事物中把握本质,表现出抽象能力强;会在杂乱无章的事物中理清头绪,表现出推理能力强;会在千头万绪的事物中发现规律,表现出建模能力强.这里所说的抽象、推理和建模,恰恰是数学思想的核心.[3]

此外,近年来,由清华大学教育研究院、中国高等教育学会学习科学研究分会共同主办"登峰杯"全国中学生数学建模竞赛,由美国数学及其应用联合会(The Consortium for Mathematics and Its Application,COMAP)、香港儒莲教科文机构（NeoUnion）共同主办的国际数学建模挑战赛（The International Mathematical Modeling Challenge，IMMC）吸引了全国数百所中学、几千名学生参加，广大参赛学校的教师对学生在比赛中综合素质及数学建模素养的提升有着共同的认识，引发了不少教师就中学数学建模的教学原则、教学策略、常见模型、作用和意义等方面进行深入的研究．

三、数学建模推动育人方式改革的作用

立德树人是新时代教育的根本任务．数学教育的目标在于通过发挥学科育人功能，让学生理解数学，并能运用数学知识解构大自然中的万事万物，获得追求美好生活、服务社会的正确价值观、必备品格和关键能力，成长为热爱生活、敬畏自然、尊重科学、勇于创新的新时代人才．放眼基础教育阶段学生数学核心素养的形成过程，从小学阶段的意识观念到初中阶段的基本能力，再到高中阶段的核心素养，呈现出数学创新人才发现、挖掘和培养的发展规律．数学建模以现实生活问题为研究对象，根据不同学段学生的认知特点，由学生自主组建2至4人的小组，共同寻求解决问题的最优化方案，在推动育人方式改革方面扮演重要角色，是数学学科育人和创新人才培养的有效载体．[4] 以高中阶段为例，"模型建构、模型认知、模型优化、建模、数学建模"这些关键词呈现在高中物理、化学、生物、信息技术、通用技术、美术、数学等学科课程标准的核心素养体系之中[5]，这是模型思想在科学（science）、技术（technology）、工程（engineering）、人文艺术（art）、数学（mathematics）等不同学科领域的渗透，体现了数学建模在实施STEAM教育和跨学科教学体系中的桥梁作用．

传统的数学问题往往提供一个理想化的问题情境，让学生按照一定的步骤求出确定的答案．而生活中的现实问题并非如此，它存在许多纷繁复杂的干扰因素，需要人们运用合理的数学方法不断尝试探索、发现、验证，并总结规律，这是一个循环往复的过程，直到找到解决问题的有效方案为止．不同的人会有不同的创新思路，得到不同的解决方案，故而现实问题的解决方案并不唯一，没有标准答案．数学建模活动以生活中的现实问题为研究对象，由学生自主组建研究团队进行合作探究，共同寻求解决问题的最优化方案．学生在建模过程中就"什么东西重要"做出选择和假设，尝试运用科学有效的数学方法来解决问题，并判断自己的解决方案是否符合现实情况，是否具有创新性，具备哪些优点和不足．在这种形式的合作探究中，学生既敢于"异想天开"地发散创新思维，也能"脚踏实地"地构建数学模型进行推理和演算，学生的探究欲望、

创新思维和问题解决意识得以充分激发.中学数学建模教学活动能有效推动数学教育从"应试解题"转向"问题解决",回归素质教育的本质,成为撬动数学创新教育的支点.

参考文献

[1]孙芙蓉,胡红珍,韦婧婧.新中国成立70年来教研员的角色变迁:回顾与反思——以八次基础教育课程改革为背景[J].课程·教材·教法,2019,39(10):68-74.

[2]张思明.中学数学建模教学的实践与探索[M].北京:北京教育出版社,1998:16-18.

[3]史宁中.数形结合与数学模型——高中数学教学中的核心问题[M].北京:高等教育出版社,2018:4-5.

[4]苏圣奎,陈清华.基于创新人才培养的中学数学建模课程体系构建[J].人民教育,2021(7):55-58.

[5]中华人民共和国教育部.普通高中课程方案和语文等学科课程标准(2017年版)[M].北京:人民教育出版社,2017:4-6.

第二章
中学数学建模课程设计与实施

第一节 基于数学建模素养培养的中学数学实验教学策略与启示

数学实验是学习数学知识的方法,数学建模是应用数学解决实际问题的手段,数学实验和数学建模分别体现学数学和用数学的逻辑关系,都以培养学生创新能力和解决实际问题能力为目标,是连接数学与物理、化学、生物、信息技术、通用技术等学科的桥梁.在实际教学中,数学实验与数学建模相互渗透,有机融合,有助于培养学生的动手能力、创新意识和数学核心素养.本节结合若干中学数学实验教学案例,提出培养学生数学建模核心素养的教学策略,即"唤醒意识—激发兴趣—发展思维—提升素养"进阶式策略,为进一步激发学生数学学习兴趣、丰富数学课堂教学方式.拓宽中学数学育人途径提供参考.

一、培养数学建模素养的教学策略

(一)树立实验观念,唤醒建模意识

挖掘生活中的数学模型,合理渗透数学实验观念,唤醒学生数学建模意识.教师在数学课堂教学中应树立科学的数学实验教学观念,根据不同的教学内容采用不同的教学方法,改变学生被动接受课本知识的教学方式,引导学生从自己的"数学现实"出发,通过自己动手、动脑,用观察、模仿、实验、猜想等手段获得经验,逐步渗透数学实验观念及数学建模思想,建构并发展学生的数学

认知结构,唤醒学生数学建模意识.

在现实教学中,因初中数学知识相对简单,教师将大量课堂时间花在训练学生的解题能力上,忽视学生数学素养的培养.犹如部分数学教师这样描述一节初中数学课:"这么简单的知识,用 10 分钟就可以讲完."那么剩下 35 分钟干什么呢？恐怕许多教师就开始进行所谓的"题型训练",总结解题套路,让学生熟记后套用即可.这样的课堂教学缺乏对数学模型产生过程的感知和探究,违背学生的认知规律,使学生成为生硬刻板的"解题机器",当问题情境发生变化时,学生应变乏力,不仅教学效果难以保证,也挫伤了学生的学习积极性.

例如,人教版七年级下册第八章"二元一次方程组"的"应用题"教学中探究了以下问题:"甲乙两地相距 750 千米,船从甲到乙顺水航行需 30 小时,从乙到甲逆水航行需 50 小时,问船的速度是多少？"显然我们可以通过假设船在静水中的速度为 x 千米/小时,水速为 y 千米/小时,根据题意建立一个一元二次方程组 $\begin{cases}(x+y)\times 30=750\\(x-y)\times 50=750\end{cases}$,求得 $\begin{cases}x=20\\y=5\end{cases}$,从而解决问题.但问题中蕴含的数学信息并未完全得以挖掘,如果能将已知量顺水航行时间、逆水航行时间、航程分别表示为 a、b、d,将未知量船速和水速设为 x、y,则可得二元一次方程组 $\begin{cases}(x+y)\times a=d\\(x-y)\times b=d\end{cases}$,求得 $\begin{cases}x=\dfrac{d(b+a)}{2ab}\\y=\dfrac{d(b-a)}{2ab}\end{cases}$,得到一个规律性的数学模型,从表达式中不仅可以发现船速、水速和顺水航行时间、逆水航行时间即航程之间的数量关系,也揭示了未知量与已知量的内在联系.

张奠宙教授认为,数学模型是针对或参照某种事物系统的特征或数量的相依关系,采用形式化的数学符号和语言,概括或近似地表述出来的数学结构.广义地说,一切数学概念、数学理论体系、数学公式、数学方程以及由之构成的算法系统都可以称为数学模型.作为"模式科学"的数学,其模型无处不在.教师要有强烈的数学实验教学观念,以数学建模的视角来研读教材,从数学知识结构体系和学生认知规律来整体把握和处理教材,把静态知识转化成动态建模,让数学知识回归到现实生活情境,彰显数学应用价值[1].

(二)创设实验情境,激发建模兴趣

创设合理的数学实验情境,引导学生主动学习,激发内在数学建模兴趣.数学实验是学生通过观察、操作、试验等实践活动来进行数学学习的一种形式,是新课标理念下凸显"学生本位""主动学习"的有效教学方式[2],通过引导学生亲身体验数学知识的形成,亲历数学知识的发掘过程,让其在内部的猜想、试误、探索、分析、归纳等思维活动中达到对数学知识的理解.学生在数学实验中亲身体验数学知识发生、发展的过程,实现了从"学数学"到"做数学",再到"玩数学",从被动学习到主动学习,再到创造性学习的飞跃.创设数学实验情境是再现数学发现过程的有效途径,它为学生提供了主体参与、自主探究、积极探索、大胆实践、勇于创新的学习环境,提供了一种解决数学问题的新路径.

例如,人教版七年级上册第二章"整式的加减"中以"月历中的秘密"创设数学实验课教学情境,引导学生分别从四种不同数字排列方式(图 2-1-1)观察月历中的数字,组织学生进行实验探究,找出数字规律,即"相邻两个数字之间有横差 1,竖差 7,左上右下差 8,右上左下差 6""两斜对角的 3 个数之和相等""4 个角的和等于中间数的 4 倍""横排、竖排、对角排列的 3 个数之和均等于中间数的 3 倍"等探究结论,并在数字规律的探究过程中引入字母,以"字母代替数"的形式进一步探索月历中的数学规律,得出月历中的"九宫格"(图 2-1-2),从而找出月历中的数字规律,体现其内在数学本质.

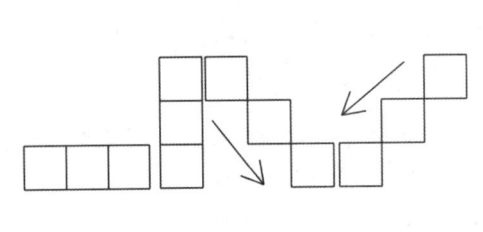

图 2-1-1 4 种不同数学排列方式　　图 2-1-2 月历中的"九宫格"

数学模型是抽象的,基于初中学生的年龄特点和心智发展水平,他们尚不能完全脱离教师进行自主探索,但数学模型的建构过程又是生动活泼的,不宜由教师简单地告知.数学建模的主体应该是学生,教师只是在这个过程中为他们提供真实有趣的问题情境,以此逐步搭建起一个良好的学习互动平台,激发学生的认知冲动,促使他们调用已有的生活经验,把生活问题抽象成数学问题,产生建模需求.

(三)运用实验方式,发展建模思维

动手操作辅以思维训练,合理运用多元实验方式,发展学生数学建模思

维.数学实验可分为操作型实验、思维型实验及计算机实验[3],根据教学内容的差异,将不同的数学实验方法和策略整合,形成一个多元整体,在教学实践中加以应用,达到教学目的,这是多元实验教学的实施原则.教师要遵循学生的认知规律,通过多元化的实验教学方式,让学生在动手(操作)、动口(讨论)、动脑(思考)探索中主动学数学,将数学与生活实际充分建立联系,促进学生数学建模思维的多元化、全面性发展.

例如,在探究人教版八年级数学第十四章第一节课"平方差公式"时,可采用多元实验方式,让学生利用硬纸片进行实物拼图的操作,发挥学生识图、构图能力,以小组内、小组间的讨论方式使学生发现多种构图方法,再通过自主思考找出各图形(图 2-1-3)内的数量关系来证明平方差公式,并结合"几何画板"软件加以验证,建立起代数恒等式与几何图形两种不同"数学模型"之间的对应关系,从本质上认识平方差公式的几何意义,以多元数学实验方式优化教学效果.

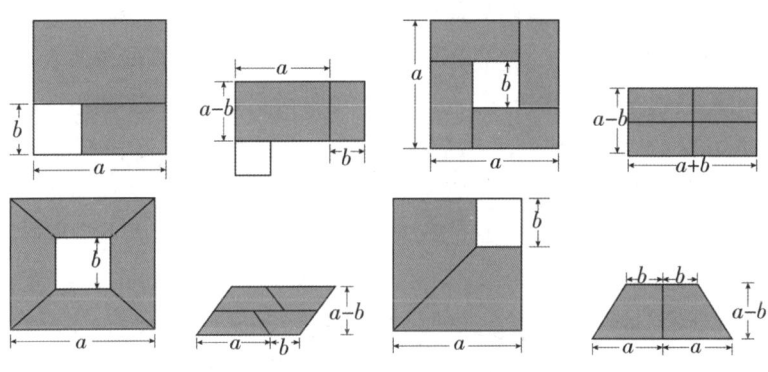

图 2-1-3 平方差公式多种构图

此外,通过"几何画板"软件辅助立体几何教学、函数教学,统计软件 Excel 辅助统计与概率教学,开展计算机数学实验,能起到事半功倍的教学效果.例如,高中数学探索"均匀随机数的产生",可引导学生进行计算机的上机操作,利用 Excel 软件产生随机数,进行计算机实验.学生做数学实验的过程就是一个"试误"的过程,能在实验过程中发现问题和提出问题,如"怎么将(0,1)区间的均匀随机数转化成 a、b 区间内的均匀数?""计算机的运算次数如何设置?"等问题,学生在多次尝试之后逐步找到其中的数学模型,从"试误"走向"顿悟",在"思考问题—发现问题—提出问题—分析问题—解决问题"的过程中发展数学建模思维,促成教学目标的有效达成[3].

在纷繁复杂的现实生活和抽象概括的数学模型之间建立联系,并非一蹴而就的过程,而是需要从学生已有的知识经验出发,借助生活原型,为学生提供丰富的感性材料,使学生多维度、全方位地感知事物的本质.实际教学中可适当增加一些具有数学实验特征的实践操作及思维训练,引导学生的认知活动经历"形象—表象—抽象"的过程,为模型的建构奠定基础,促进建模思维品质的有效提升.

(四)拓展实验途径,提升建模素养

一手抓课堂一手抓活动,拓展数学实验教学途径,促进数学建模素养提升.数学建模素养的提升不仅要依靠课堂数学实验教学的有效开展,还需通过组织数学建模活动加以落实.教学实践中通过开设"数学实验-数学建模"融合式校本课程,构建数学建模社团、数学建模实验室、校企合作创新实践基地等实践平台,组织学生建立数学建模小组,以合作探究的学习方式,运用数学建模方法,解决生活中的实际问题.

以研究交通枢纽换乘问题的数学建模活动为例,学生以建模小组为单位,围绕生活中交通枢纽换乘问题展开研究,通过实地考察交通枢纽所在地的情况,访谈相关部门工程师和管理人员,设计问卷搜集数据,对交通枢纽接驳布局的设计进行数学建模活动.某数学建模小组的学生采用模拟退火法和Matlab软件分析数据,绘制交通枢纽换乘示意(图2-1-4)和交通功能区排布方式示意(图2-1-5),探寻交通功能区布局优化的最优解,形成小组研究报告.虽然该建模小组的研究结果在实际应用中仍存在一些待改进的问题,比如功能区划分较分散、楼层间换乘方式缺乏便利性、建筑成本与营运成本综合考量不足等,但学生在数学建模活动中积累了经验,运用数学工具解决问题的能力得到锻炼和提升.在活动评价阶段,指导教师邀请专业人士、家长和多学科教师组成评审小组,组织研究成果汇报活动,各建模小组成员进行研究成果展示,接受评审小组有关项目设计的科学性、合理性、严谨性、实用性和创新性的提问,并做出答辩.建模小组成员再根据日常学习和结题汇报的表现进行互评、自评,结合评审小组的评审结果,形成学生数学建模素养的综合评价结果.

开展中学生数学建模活动,组织学生参加数学建模竞赛,有利于启发学生发现问题的意识,培养学生提出问题的能力,拓展学生分析问题的深度,丰富学生解决问题的策略,提升学生数学建模素养,为落实数学核心素养的培养提供有效的实践途径.

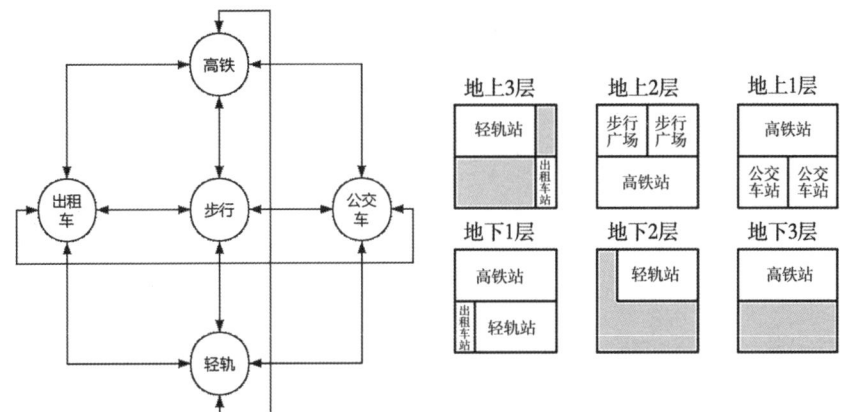

图 2-1-4　交通枢纽换乘示意　　图 2-1-5　交通功能区排布方式示意

二、启示与思考

(一)关注学科共性,聚焦建模素养

《普通高中课程方案(2017年版)》明确将"数学建模"作为数学学科的六大核心素养之一,而"建模、模型认知、模型建构、模型优化"也同时呈现在物理、化学、生物、信息技术、通用技术、美术等学科(简称 STEA 学科)的核心素养当中,这些学科核心素养所涉及的建模、模型认知和模型建构,是数学建模在不同学科情境下的具体应用,体现了数学建模在跨学科教学体系中的桥梁纽带作用.STEA 学科都以培养学生动手能力为目标,实验教学特点显著,为数学实验教学提供情境和媒介,有助于构建数学实验课程、平台和评价机制.鉴于数学建模素养在数学(M)与 STEA 学科之间的强相关性,以数学建模和数学实验活动为载体,融入 STEAM 教育理念,开展跨学科融合的实验教学,推动高中数学创新教育的改革与发展.

(二)开发校本课程,搭建活动平台

传统的数学教学方式侧重培养学生的逻辑思维能力,重视数学解题能力的训练,使学生具备理想情境下数学问题的解题能力,对数学应用意识、动手能力和数学建模素养的培养不足,而生活中的数学存在许多不确定性,需要人们通过实验活动不断尝试、探索、验证并总结规律.因此,在数学实验课堂教学的基础上增加具有创新实践意义的活动,尽可能创造条件为学生提供实践机会[4],如开展数学实验社团活动、校企合作的社会实践活动、数学建模比赛、数学科技创新应用展示活动等,让学生经历观察想象、操作验证、推理证明、获得结论、应用结论解决问题的完整数学学习过程,引导学生学会用数学的眼光观察世界、会用数学的思维思考世界、会用数学的语言表达世界,提升学生的数学核心素养[5].

(三)构建评价机制,挖掘创新人才

多元智能理论之父加德纳说:"过去和现在我都相信评估对于教育是最有力的手段."教学评价机制是了解学科教学效果的有力工具,是教师调控教学的"晴雨表".2020年发布的《中国高考评价体系》提出"一核""四层""四翼",分别回答了在高考"为什么考、考什么、怎么考"的问题,给出了"培养什么人、怎样培养人、为谁培养人"这一教育根本问题的答案.[6]在高考评价体系的指导下,构建科学的教学评价机制既能指导课程实践,又能在教学实践中及时纠偏,促进教育朝着良性方向发展,从而更好地发挥课程的育人功能.以《普通高中数学课程标准(2017年版)》中数学建模核心素养水平划分为依据,从"情境解读""数学建模""数学表达""交流协作""成果转化"等维度确定数学建模素养水平评价指标,对学生在课堂、活动和比赛中的表现和成果展开评价,挖掘学生创新潜质,为早期创新人才的培养提供评价依据.

中学阶段开展数学实验教学,符合皮亚杰的建构主义理念,有利于优化教学结构,转变教学方式,拓展育人途径.数学实验教学作为一种教学策略,在有效提升学生数学建模素养的同时,推动了中学数学教育的改革和发展.此外,中学数学建模活动关注现实生活中的热点问题,引导学生搜集研究问题所需的数据,对数据进行分析、解读,经历识模、建模、解模、用模的数学建模过程,提出创新设想,体验数学应用的乐趣.从某种意义上来说,数学建模和数学实验的有机结合将在中学数学教育改革中扮演核心角色,成为撬动数学创新教育的支点.

第二节　基于 STEM 的中学数学建模课程设计

一、问题的提出

STEM 教育作为一种跨学科融合的教育理念,起源于美国国家科学委员会发布的《本科的科学、数学和工程教育》报告,是科学(science)、技术(technology)、工程学(engineering)和数学(mathematics)四门学科的有机集成. STEM 教育旨在利用数学、科学、工程、技术相互关联的知识解决问题,达到学科融合、提高知识综合应用的效果[7];STEAM 教育是将代表人文艺术的"arts"融入 STEM 教育中,将"STEM"拓展为"STEAM",本节将两者统称为 STEM. 随着时代的发展,STEM 教育已形成以数学作为融通语言、以工程作为融通的理解工具、以科学和技术作为统合目标的基本思路[8]. 在国际经济和科技竞争日益激烈的背景下,《中国教育现代化 2035》提出加强创新人才,特别是拔尖创新人才的培养,加大应用型、复合型、技术技能型人才培养比重[9],明确了我国对创新人才培养的需求. 研究表明,STEM 教学能有效培养学生的创新思维和创造力,获得创新实践的真实体验、非良构知识、理性思维方法及自我管理策略[10]. STEM 教育以其整合培养实践型、创新型、综合型人才的教育理念,通过变革教育教学组织形式、创新课程发展新范式,将成为推动国家、社会发展的重要战略[11].

STEM 概念进入我国学界的视野始于 2012 年[12],虽然起步较晚,但研究者从一开始就关注到 STEM 教育的跨学科融合精神,并进行了大量概念梳理和对比研究[13]. 然而,受到我国传统主流教育模式的影响,STEM 课程设计的精髓尚未在本土化过程中得以充分体现,存在课程体系不健全、课程目标不清晰、缺乏精细的探究学习设计、未形成良性的课程生态等问题[14],尤其在高中学段,高考的"指挥棒"制约着高中 STEM 课程的开发、实施与发展,这与我国创新人才培养的迫切需求是不相适应的,开展高中 STEM 课程的本土化研究十分必要.

二、STEM 课程设计的相关研究

(一)国外相关研究

美国作为 STEM 教育的发源地,对世界 STEM 教育的研究方向产生重大影响,主要体现在四个方面:一是 STEM 课程开发研究.美国 STEM 课程通常是由学校与校外机构和组织共同合作开发,通过政府机构和社会组织共同推动 STEM 教育发展.例如,美国的"项目引路"(Project Lead To the Way)与美国宇航局 Dryden 飞行研究中心合作开发面向 3 至 5 年级小学生的 STEM 课程——"初等工程课",该课程分为 5 个专题,由各学科一线教师、高校教育工作者、专业工程师共同开发与更新[15].二是 STEM 课程实施研究.例如,普渡理工学院的斯特莱梅尔(Greg Strimel)带领团队在小学开展"以工程设计实现 STEM 整合"项目的实践研究,总结出以工程设计推动 STEM 课程实施的要求,即"问题情境化—问题异构化—教师跨学科合作—学生真实参与"[16].三是 STEM 支持平台研究.例如,美国国家航空航天局(National Aeronautics and Space Administration,NASA)在 2014 年就设立了 STEM 教育项目"科学与工程培训计划"(Science and Engineering Apprenticeship Program),为 K12 学生提供 NASA 丰富而独特的教学资源,包括 STEM 教学与实践活动,实习机会和奖学金等.四是 STEM 课程评价研究.例如,普渡大学的王惠慧等从学习目标、STEM 概念和技能、学科内容知识、学习结果、教师教学及学生思维等维度出发构建的"整合式 STEM 教学层级量表",量表分为探索性、发展性和完成性三个递进式整合层级.整合式教学设计没有优劣之分,而是根据教学任务所处阶段或面临问题采用不同的整合教学策略[17].

(二)国内相关研究

随着国内 STEM 教育的发展,2017 年中国教育科学研究院发布《中国 STEM 教育白皮书》,指出中国 STEM 教育既是跨学科、跨学段的连贯课程群,又是面向所有学生的培养综合素质的载体[18].近年来,我国江苏、浙江、北京、上海、广东等发达地区的许多中小学以社团活动课、综合实践课的形式开设 STEM 课程,积极开展本土化的 STEM 教学实践,但主要以小学为主,且课时较少,未列入常规课程.与此同时,STEM 课程的设计与开发受到国内教育学界的广泛重视,许多学者和教育工作者致力于 STEM 课程的相关研究,主要体现在四个方面:一是国内外 STEM 课程的比较研究.例如,王晶莹等从知识场域、活动设计、活动类型以及课程评价四个层面对 45 个中美 STEM 课程案例进行文本分析,阐述两国课程的趋同性和差异性[19].二是 STEM 校本课程设计与开发的实践研究.例如,高威等以北京市试点 STEM 教育的中小学为样本,从课程结构、教学过程、教材开发和课程管理等维度,调查和分析中小学 STEM 课程建设的现状,在此基础上提出 STEM 课程建设的建议[20].三是 STEM 课程建设的理论研究.例如,时慧等通过文献分析、比较科学探究和工程设计过程的异同,提出基于"科-工整合"的 STEM 课程模式[21].四是国外 STEM 课程设计的相关研究.例如,闫寒冰等通过分析美国创客教材《设计与发现》(*Design and Discovery*)的内容,总结得出美国 STEM 课程体系中常见的八种课堂活动形式[22].

(三)研究述评

纵观国内外 STEM 课程的相关研究,广大研究者和 STEM 教育工作者基于国际 STEM 教育经验和本土化研究视角,从不同的研究理论和思路出发开展 STEM 课程的开发、实施、整合、评价等方面的研究,取得了许多富有价值的研究成果.但在已有研究中,受美国 STEM 教育的影响,绝大多数 STEM 课程选取工程设计模式开展课程活动,且基于学习进阶理论构建 STEM 课程体系的相关研究较少,以数学建模活动为载体开展高中 STEM 课程设计的研究更是少之又少.在我国高考评价体系的作用下,学校、家长和学生更关注高考学科的学习质量,通用技术、信息技术等"非高考"工程技术类学科难以在普惠式的高中 STEM 课程开发和实施中发挥主导作用.因此,构建符合我国高中教育现状、可操作、可推广的高中 STEM 课程体系,对推动我国高中 STEM 教育的实施具有重要参考意义.

三、STEM 教育与高中数学建模融合的意义

现实世界中存在的问题往往不是单一学科和单一领域的问题,而是跨学科问题,其中包括科学、技术、工程、数学和其他社会科学领域的融合问题,即 STEM 问题.数学建模是人们应用数学知识解决现实问题的工具,通过抽象、数据拟合建立数学模型,并运用计算机编程、软件等信息技术进行运算,探索解决跨学科问题的最优化方案(算法).高中数学建模活动以跨学科的 STEM 问题为研究对象,根据实际需要引入工程、技术等多学科工具,引导学生经历数学建模解决问题的过程,从而实现"问题解决".

（一）数学建模是用数学语言表达 STEM 问题的核心素养

数学是 STEM 的基础性工具，STEM 中主要是应用数学来解决跨学科的 STEM 问题．例如，在解决计算机实际问题中，需要利用数学语言对计算机问题进行描述，用数学的方法进行推理，并加以证明，再通过技术和工程的方法来呈现计算机软件和硬件；智能机器人元器件问题本质上是核心算法问题，需要对物理问题进行数学建模，再运用数学方法来完成机器人的制作．数学建模作为用数学语言表达世界的核心素养，也是应用数学解决现实问题的思想和方法，是沟通现实世界（包括 STEM 领域）和数学世界的重要载体．

（二）数学建模是实施高中 STEM 教育的跨学科融通工具

本研究关注数学建模素养在数学与物理、化学、生物、信息技术、通用技术等学科的强相关性（图 2-2-1），构建基于 STEM 的高中数学建模进阶式课程体系，包括数学建模必修课程（mathematical modeling compulsory course，初阶课程）、研究性学习课程（research-based learning course，中阶课程）及 STEM 校本课程（STEM school-based course，高阶课程），简称"数模三阶课程"或"MRS 课程"．MRS 课程从设计要求、教学目标、课程内容、活动方式、评价模型五个维度出发进行课程设计，并通过四个课程案例阐述课程内容的实施路径，为 STEM 教育的本土化实施提供参考．

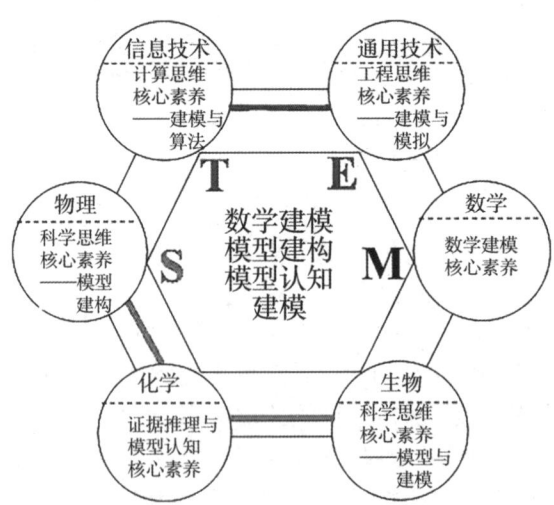

图 2-2-1　高中学科核心素养与模型思想关系

四、MRS课程理论基础与设计模型

(一)理论基础

学习进阶(learning progression)是指在特定的时间跨度范围内,学生在学习与探究特定知识的过程中逐渐实现思维的进阶.从本质上来说,学习进阶理论立足"如何引导学生设定科学的学习路径"这一问题,描述出学生在开展某一主题的学习时所遵循的连贯的、递进的思维轨迹,为课程、教学和评价提供了坚实的理论基础.[23]学习进阶理论认为,学习是一个循序渐进的过程,学生对某一主题或项目的学习需要经历一系列中间水平,实现"记忆→理解→应用→分析→综合→创造"认知学习层次上的提升.学习过程就是一个攀登阶梯的过程,而中间水平就是阶梯中的"阶",这些连续且不间断的阶梯连接学习的起点和终点(图2-2-2).学习进阶理论为构建数学建模进阶式课程、引导学生逐步深入开展 STEM 学习提供了理论基础.

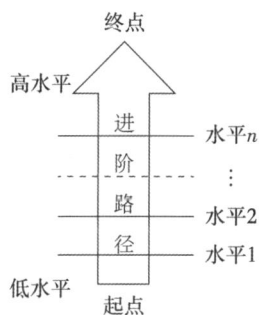

图 2-2-2 学习进阶模型

(二)设计模型

BEAR 评估系统(Berkeley evaluation and assessment research)是一种典型的学习进阶的开发模式,该系统也称为"四基石模型"(图2-2-3),包括结构图、项目设计、结果空间、测量模型四个要素,其中结构图指对学生理解知识及其发展的预期假设,项目设计是教学内容和测试工具的设计,结果空间是学生面对教学和测试工具的学习表现,而测量模型则需要将学生的表现转化为数值进行量化评价.[24]本研究借鉴 BEAR 评估系统,构建 MRS 课程设计模型

(图 2-2-4),以服务国家人才需求作为出发点,在解读《普通高中数学课程标准(2017年版)》和分析学情的基础上,确定课程目标,即MRS课程对学生发展预期的学习进阶假设,构成模型的"结构图";在此基础上进入"项目设计",即设计进阶式课程内容和测量工具;选取教学方式付诸实施,观察学生学习表现,搜集数据,生成"结果空间";制定素养评价指标体系,建立"测量模型",开展学习水平评价,反馈结果作为学生学习不同层级课程和完善课程目标的参考依据.MRS课程关注各环节的动态进程,不断进行实践检验,反思、修正,形成良性闭环.

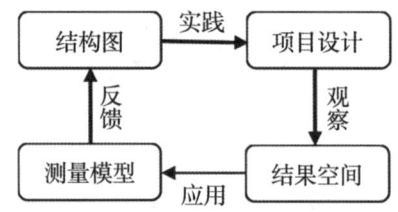

图 2-2-3 BEAR 评估系统(四基石模型)

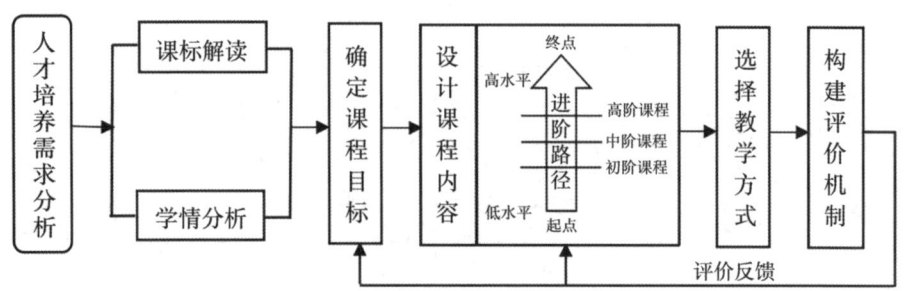

图 2-2-4 基于学习进阶的 MRS 课程设计模型

五、MRS 课程的设计思路

(一)课程理念

1.育人目标体现综合性

在新时代推进普通高中育人方式改革的背景下,构建"五育融合"的跨学科课程体系,培养德智体美劳全面发展的早期创新人才已成为时代赋予中学教育的重要使命.传统数学教学注重学生思维品质的培养,重视数学解题能力的训练,对应用意识、动手能力和数学建模素养的培养不足,缺乏对学科文化和价值的有效渗透.MRS课程秉持"五育并举"的课程理念,以立德树人为"德育"基础,营造学科文化和价值的"美育"环境,突出对逻辑思维、数学应用的"智育"培养,落实实践动手能力和合作创新精神的"体劳双育",体现育人目标的综合性.

2.课程设计体现融合性

德国著名物理学家普朗克将科学比喻成一条从物理学到化学,通过生物学和人类学到社会学的连续且任何一处都不能被打断的链条,形象地诠释了多学科融合的教育价值和生命力.MRS课程设计倡导科学、技术、工程与数学等学科领域的相互渗透和有机融合,而非简单的拼凑和搭配,这就需要改革学校传统分科教学的课程体系,充分利用社团活动、兴趣小组活动等"非碎片化"时间重构跨学科融合课程,以数学建模活动为载体,开展 STEM 教育.

3.教学内容体现情境性

情境认知理论(situated cognition)认为,学习的设计要以学习者为主体,内容与活动的安排要在真实的情景中,以实践的方式来组织教学,同时把知识获得与学习者的发展、身份建构等统合在一起.情境认知理论的观点对课堂教学内容设计与学习环境开发理念产生深远的影响,为信息技术与课程整合、STEM 课程设计等提供了理论依据[25].MRS课程重视情境化教学,课程内容关注生活中的现实问题,引导学生根据知识背景联系现实问题的本质,组织学生在现实情境中开展数学建模活动,培养学生问题解决能力.

4.项目设计体现实践性

传统的数学教学方式侧重培养学生的逻辑思维,促进学生具备预设问题情境下的数学解题能力.而生活中的数学并非如此,它存在许多不确定性,需要人们通过实践不断尝试、探索、验证并总结规律.MRS课程以现实生活问题为研究对象,在课堂教学的基础上增加具有实践创新意义的活动,创造条件为学生提供实践机会[4],如开展数学建模社团和竞赛活动、校企合作实践活动、STEM 项目展示活动等.

5.能力培养体现协创性

随着信息时代知识迭代速度的迅猛发展,解决日益巨构化的实际问题难以依赖某个个体达成,而是要求组建研究团队,通过团队内部的个体之间相互理解他人的思维、挖掘创新潜质、实现角色迁移,展开广泛、高频而深入的交流与合作,逐步形成协同创新能力[26].STEM 课程强调在群体协同中互相帮助、互相启发,知识建构,创新思考,动手实践[27],这和数学建模的教学理念不谋而合.MRS课程中的数学建模活动一般由 2~4 名学生组成数学建模小组开展分工协作,共同分析问题、搜集文献、提出假设、构建、求解、验证和评价数学模型.学生在发挥各自创意思维、互动交流过程中达成问题解决的创新性方案,以研究报告的形式呈现团队的研究成果,并通过成果展示和问辩培养学生的科学表达和批判思维能力.

6.评价机制体现发展性

多元智能理论之父加德纳认为评价是最有力的教育手段.具有发展性的评价机制注重诊断、激励和促进发展,着眼于学生和教师发展的未来,不盲目追求眼前的考试成绩,旨在更好地促进学生的全面发展和教师专业水平的提高,实现评价在课程实施过程中良好的导向、激励和改进的作用.MRS课程的评价机制关注学生终身发展,评价指标和维度与学生所需的学习能力、实践能力、创新能力紧密联系,注重在问题情境中对学生的问题解决、团队合作与领导力、社会交往、创新思维、自主探究学习与知识综合运用等多方面的综合素养进行评价,着眼于构建静态与动态相结合的 STEM 课程教学效果的监测与评价体系,进行教学评一体化的监测与评价.

(二)设计原则

1.学科融合,分层推进

MRS课程设计要体现融合性原则,体现实际问题与跨学科知识的联系.课程内容可从简单的跨学科基础知识逐步向专业知识拓展,关注学科间的关联性融合.例如,学习"植物基因遗传预测问题"项目时,教学中融入金鱼草两个遗传基因组成的三种基因型决定开花颜色的生物知识内容,通过建立概率模型来预测若干年后这种植物的三种基因型分布情况.该项目内容的设计要体现数学与生物学科的知识融合,将生物遗传规律、数列、简单矩阵知识由浅及深,分层开展项目探究,进行 STEM 进阶学习.

2.全民参与,注重实践

MRS课程设计要体现参与性原则,体现问题情境和已有实践经验的联系.数学建模和数学竞赛的不同之处在于参加的群体不同,数学建模是人人可以参与的"全民健身"活动,而数学竞赛好比"竞技体育",并非人人能做.从创新人才培养的角度来看,数学建模促进学生对学术、求真和创新的追求,是早期数学创新人才培养的优质媒介[28].例如,学习"交通拥堵的解决问题"项目时,每个学生都可以根据常识提出解决问题的创新思路.学生通过组建数学建模小组,开展实地考察和数据调查,建立多样化的数学模型进行求解,利用模拟软件进行模拟和验证,并通过工程设计隧道、高架桥等进行情景演示,在 STEM 课程的"头脑风暴"中体验创新乐趣和成就感.

3.贴近生活,彰显价值

MRS 课程设计要体现应用性原则,体现问题价值和学生学习兴趣的联系.STEM 问题来源于生活,并应用于生活.STEM 教育应让学生真正体会其应用价值,让学生喜欢参与 STEM 学习活动,只有这样才能吸引学生投身于 STEM 项目的研究中.MRS 课程内容取材于现实生活中的方方面面,注重多学科知识的融合应用,彰显应用价值.例如,学习"双层玻璃窗的功效"项目时,以热传导模型来对比双层玻璃窗与同样材料的单层玻璃窗在减少热量损失方面的差异.项目案例贴近生活,能确实解决生活中遇到的隔热、隔音问题,学生可以将所学知识应用于家庭装修和环保上,培养学生综合应用能力,提升学习兴趣.

(三)课程目标

MRS 课程有预设性的教育目标,即提升学生 STEM 素养,培养德智体美劳全面发展且具有创新思维、合作意识和问题解决能力的综合创新人才.这并不是 MRS 课程教育目标的全部,MRS 课程将目标和过程有机整合,通过目标指导过程实施,过程实施结果反过来又修正目标,形成目标与过程的动态调节,从而促进教师的专业发展、课程开发和学生综合发展融为一体,推动教师自主更新和优化知识结构,拓宽眼界和视野,在教学中主动习得跨学科教学的综合技能,具备与学生共同探讨问题的意识和能力,成为"和学生一起学习的学习者",进而做到"教师即研究者",达到师生协同发展,共同进步的教学格局[29],生成"师生发展共进体".

(四)课程内容

MRS 课程内容从研究问题(项目)的来源、难度、广度和学习时空四个维度进行进阶式设计实施.第一是问题来源,研究问题或项目从学科教材、学生社会实践中的发现、社会热点问题和师生创新思路等渠道中寻找、选择;第二是问题难度,以数学教材内容为基础,关注先行组织者的作用和学生"最近发展区",逐步挖掘知识和知识之间的内在关联,进行深度学习;第三是问题广度,关注数学基础知识、基本技能、基本思想和基本活动经验,逐步拓展到多学科知识和技能的教学;第四是学习时空,以促进学生发展为中心,激发学生学习兴趣,随着课程内容难度和广度的变化,将课程学习从课内延伸到课外,从校内延伸到校外.

教学研究团队以数学建模活动为切入点,基于学习进阶理论构建数学建模进阶式课程体系(表 2-2-1),面向不同层次学生开展高中数学建模教学实践研究,探索以"MRS 课程体系"推动创新教育改革的实践路径,其研究成果获得 2020 年福建省基础教育教学成果奖一等奖.下面通过三个实践案例,阐述 MRS 课程的实施路径.

表 2-2-1 MRS 课程信息

阶 段	课程名称	课程内容	学习对象	学习目标
初阶	数学建模必修课程	高中数学人教 A 版(2019 版)教材的必修(第一册)和选择性必修(第三册)中的两个数学建模案例	高一学生	了解数学建模基础知识与方法,体验数学建模活动的全过程
中阶	研究性学习课程	结合 Matlab、Excel、几何画板软件,进行数学建模案例和常用数学建模方法的教学,以特定热点问题和项目开展数学建模活动	选修数学建模研究性学习的高一、高二学生	能运用数学建模方法解决特定的现实问题或任务,积累数学建模活动经验
高阶	STEM 课程	根据学生和 STEM 项目的实际需求,与高校、科研院所、科技企业合作,开设 Python、Stella、Labview 等软件和结构设计等实践课程,开展创新项目研究	具备创新潜质和一定数学建模活动经验的高二、高三学生	综合运用跨学科知识和技能解决自主提出的创新性问题,并在校企共育人才机制的帮助下转化为有形创新成果

(五)教学方式

问题式学习法(problem-based learning)和项目式学习法(project-based learning)作为建构主义取向的教学模式,均以学习者为中心,针对开放性问题或任务情境,搭建多种类型的"脚手架",开展合作探究活动,为学生提供应用知识和技能解决问题的实践机会.问题式学习属于"探究"模式,侧重单一学科知识的获取与应用,强调求知过程.项目式学习则属于"产品"模式,侧重知识在跨学科情境中的应用与创新,强调通过提出问题、规划方案、解决问题、评价反思等环节,开发出研究报告、实物模型、计算机模型和其他基于技术的表征. MRS 课程在初阶课程中采用问题式学习法,在中、高阶课程中采用项目式学习法,以数学建模活动为载体开展团队学习活动,引导学生经历数学建模活动的全过程,鼓励学生进行跨学科综合知识的自主学习,培养独立思考、主动建构和自我内化能力.MRS课程也强调团队协作,要求学生既能在数学建模活动中完成分工任务,又能适时进行角色转换,为团队研究项目的创新、改进和完善进行有效补位,成为STEM项目研究的发现者、探索者、合作者和创造者.

(六)评价机制

构建数学建模素养水平评价机制是评估学生不同层级MRS课程学习水平的重要载体,水平评价指标的确定依据数学课程标准中有关数学建模核心素养的水平划分和数学建模活动的主要过程,结合问卷调查和专家访谈,对问卷和访谈对象对指标的认同度进行方差分析,制定5个一级指标,15个二级指标和相对应的4个水平划分,能力水平从水平0至水平3依次递进.在此基础上,利用专家咨询法和层次分析法(analytic hierarchy process,AHP)确定各指标的权重值,通过对各个二级指标的4个水平划分进行赋值,开展数学建模素养水平的量化评价,为不同层次学生选择相对应层级的MRS课程内容提供指引(见本书第四章第一节).评价机制旨在保障不同层级MRS课程的实施与评价,促进学生从知识习得向知识应用发展,从低阶思维向高阶思维发展,从四基四能向核心素养发展.

六、研究结论

MRS课程关注不同层次学生的学习需求,以数学建模活动为载体,让学生在"被动面对问题→知识习得→知识应用→发现问题→分析问题→优化知识→知识综合应用→解决问题→主动提出新问题"的学习路径中经历科学探究的过程,在迭代学习中实现能力的进阶.MRS课程实施的经验包括:一是"初阶课程"源自教材,通过案例引导学生全面了解数学建模活动的各个环节,普及数学建模,为学生进入更高阶的数学建模课程打下坚实的基础;二是"中阶课程"即研究性学习课程,以现实生活中的热点问题为研究对象开展数学建模活动,通过常用计算机软件入门、数学建模方法和STEM案例的学习丰富学生的知识和能力结构;三是"高阶课程"面向具备创新潜质和一定数学建模活动经验的学生,以学生自主提出的创新性问题为研究对象,通过提供高阶信息技术软件、工程结构设计及学生个性化需求等课程内容,整合跨学科教学资源,推动学生的创新思路转化为实物模型、计算机模型、专利等有形创新成果.

七、研究启示

(一)融入优秀传统文化,发挥数学建模课程的文化育人功能

STEM 教育应围绕"立德树人"的根本任务,融合中华优秀传统文化,放眼世界 STEM 教育的发展潮流,创造性地打造富有育人价值的数学课程文化,为培养学生的爱国主义精神、民族文化认同感和自信心打下基础.例如,数学建模课程体系中增加学科和跨学科的文化课程,将中外科学家、科学名著、科学史整合成校本教材,在数学建模课程体系中融入社会主义核心价值观教育,推动 STEM 教育朝着"培养全面发展的创新人才"的方向发展.

(二)重构教师培训体系,培养具备核心竞争力的新时代数学教师

教师往往以自身的认知为基础展开教育,教师的知识结构、生活经验、创新意识和价值观念直接影响到学生的发展,构建适合时代要求的 STEM 教师培训体系和评价机制势在必行.STEM 教育应鼓励教师创新发展,多元发展,合作发展,跨学科发展,培养教师具备面向未来的核心竞争力,全面提升教师的综合技能,以满足不同层次 STEM 课程教学的需要,推动大中小学 STEM 课程一体化建设,为早期创新人才培养奠定坚实的课程基础.例如,学校可根据不同学科教师的知识体系和年龄结构,将通识培训和学科培训有机整合,统筹构建创新型、激励型培训体系.通识培训中引入"STEM 项目策划与组织""软件应用""教师数学建模能力竞赛"等内容和活动,优化教师知识结构和业务技能,促进教师解放思想,提升综合素质.

(三)整合社会教育资源,构建校企共育人才的良性教育生态

《普通高中课程方案(2017 年版 2020 年修订)》强调学校要统筹各方力量,联合大中小学校、科研院所、企事业单位开发课程资源,为课程实施创设条件,为学生提供实践机会.STEM 教育应以促进学生全面发展为导向,构建家、校、社三方共育人才的协作体,让学生在多方合作提供的实践活动中亲身体验创新、创造的乐趣,培养学生热爱劳动、团结协作和创新奋进的精神.例如,学校通过与科技企业合作,为学生创造接触前沿科技的实践机会,触发学生创新灵感,在企业的技术保障下,使学生的奇思妙想转化为发明创造成果,让"创新"的种子根植于学生心中,营造校企合作共育创新人才的良性教育生态.

第三节 MRS 课程案例
——初阶篇

数学建模初阶课程是学生的必修内容,是 MRS 课程的"起点". 以高中数学人教 A 版(2019版)教材的必修(第一册)和选择性必修(第三册)中的数学建模案例"建立函数模型解决实际问题"和"建立统计模型进行预测"为主要教学内容,根据教学内容相关性和体系化的需要,将数学建模内容进行有机整合,形成一个整体单元.

一、单元规划建议

单元教学的具体内容和课时安排见表 2-3-1.

表 2-3-1 《数学建模与数学探究》单元课时规划

序号	项目	所在教材	内容	课时数
1	数学建模活动 1	必修一	建立函数模型解决实际问题	4
2	数学建模活动 2	选择性必修三	建立统计模型进行预测	3

以《普通高中课程标准实验教科书·数学 必修1》[人教 A 版(2019)]中的数学建模活动"建立函数模型解决实际问题"为例,课时教学内容设计见表 2-3-2.

表 2-3-2 数学建模"建立函数模型解决实际问题"课时内容安排

课时安排	课时内容
第 1 课时	本节课是在前面章节对函数的学习基础上研究数学建模活动的一个实例. 数学建模活动是对现实问题进行数学抽象,用数学语言表达问题、用数学方法构建模型解决问题的过程,因此建立函数模型解决实际问题的教学对现实生活意义显著. 同时,对实际问题建立数学模型求解也是数学知识在现实生活中的检验与实践,通过引导学生亲身经历函数模型的建立过程,可以让学生进一步掌握函数与方程的数学思想方法

续表

课时安排	课时内容
第2、3课时	本节课是数学建模活动的入门课程,需要教师充分挖掘教材内容,帮助学生全面而细致地了解数学建模活动的各个环节,完成选题和开题工作,为数学建模活动的有效实施提供操作指南,使学生在后续的数学建模活动中有章可循
第4课时	本节课是数学建模活动的结题汇报课,教师组建数学建模研究成果评审小组,由各建模小组进行成果汇报,并接受评审小组的现场问辩,开展"评审小组评价—学生自评—建模小组组内互评"三方评价

二、单元教材教法分析

(一)单元教材分析

(1)内容分析:以生活中的现实问题引入,让学生经历现实情境中数学问题的发现与提出、问题的分析与模型的构建、参数的确定与求解、模型的检验与改进、模型的应用与评价,数学建模活动研究报告的撰写规范,研究成果的展示与交流的全过程.

(2)内容本质:立足学科核心素养,融合科技学科知识、技能,运用数学思想方法解决实际问题的研究性综合实践学习活动.

(3)思想方法:函数与方程、数形结合、分类与整合、化归与转化、特殊与一般等思想和数据拟合、统计分析等数学建模方法.

(4)教材实施:学生已具备函数和统计知识,了解函数模型和统计模型的初步应用,在此基础上体验数学建模活动"选题—开题—做题—结题"的过程,掌握用数学建模的方法解决问题的基本步骤,即"观察实际情景—发现和提出问题—搜集和分析数据—选择和建立模型—求解和检验模型—应用和评价模型",结合数学建模研究报告的撰写和研究成果的展示交流,促进学生从知识习得向知识应用发展,从低阶思维向高阶思维发展,从基本能力向核心素养发展.

(二)单元教法分析

数学建模课程主要采用项目式学习法和问题式学习法,以数学建模活动为载体,建立团队学习小组,鼓励学生进行跨学科综合知识的自主学习,培养独立思考、主动建构和自我内化能力,同时也强调团队协作,既能在数学建模活动中完成分工任务,又能适时进行角色转换,为团队研究项目的创新、改进和完善进行有效补位,成为项目研究的发现者、探索者、合作者和创造者.数学建模案例包括"建立函数模型解决实际问题"和"建立统计模型进行预测",是数学建模入门的基础内容,也是适合全体学生学习的数学"全民健身"活动.本单元通过文献查阅,数据搜集、拟合,现实问题的数学抽象,数学模型的选择,逻辑推理,求解与应用,检验评价等过程,让学生在观察、分析、探索、归纳和交流过程中获得数学建模方法,培养学生识模、建模、解模、用模和合作探究的能力,促进学生发现现实世界中与数学相关的问题,学会用数学的眼光观察世界;通过创新性问题的提出,经历"选题→开题→做题→结题"的研究过程,学会用数学的思维思考世界;通过综合跨学科知识和技能来解决问题,体验科学研究的乐趣,学会用数学的语言表达世界.

三、单元活动实施路径设计

(一)数学建模活动设计

以高中数学人教 A 版(2019 版)教材的必修(第一册)数学建模活动"建立函数模型解决实际问题"为例,在学生已具备函数知识的基础上,通过研究茶水的口感与放置时间的关系,让学生了解函数模型拟合方法解决实际问题的过程,掌握用数学建模的方法解决问题的基本步骤,即"观察实际情景—发现和提出问题—搜集和分析数据—选择和建立模型—求解和检验模型—应用和评价模型",结合数学建模研究报告的撰写和研究成果的展示交流,引导学生全面而细致地了解数学建模活动的各个环节,为数学建模活动的有效实施提供操作指南,使学生在后续的数学建模活动中有章可循.

(二)学习活动实施指南

学习活动实施指南见表 2-3-3.

表 2-3-3　学习活动实施指南

活动实施阶段	教师工作内容	学生工作内容
问题情境阶段(选题和开题阶段)	1.明确指导方向.指导教师应深入了解指导的数学建模(探究)问题的国内外研究现状,明确指导方向,并对研究的重点、难点及创新点做到心中有数. 2.帮助搜集资料.指导教师应帮助学生初步搜集研究课题的相关资料(图片、文字、视频等),了解有关研究题目所需的知识水平,该题目中隐含的拓展性的问题,使学生从多个角度认识、分析问题. 3.组织学生讨论.指导教师通过对课题背景知识的铺垫,调动学生原有的知识和经验,组织学生组建学习小组进行讨论,提出核心问题,诱发学生探究的动机,在此基础上确定研究方向和范围	1.了解研究背景.搜集所研究数学建模(探究)问题的相关研究资料,了解问题的研究背景和研究现状. 2.初拟研究方案.组建数学建模学习合作小组,共同讨论和确定具体的研究方案,包括确定合适的研究方法(文献研究法、观察法、访谈法、实验研究法、问卷调查法等),搜集可能获得的信息,准备调查研究所要求的知识技能、人员分工,可能采取的行动和可能得到的结果. 3.明确研究路径.在指导教师引导下,根据预设的研究流程开展项目研究工作
实践体验阶段（做题阶段)	1.组织开展研究.指导教师要及时了解学生开展研究活动时遇到的困难以及他们的需要,有针对性地进行指导,教师应成为学生研究信息交汇的枢纽,成为交流的组织者和建议者.在这一过程中要注意观察每一个学生在品德、能力、个性方面的发展,给予适时的鼓励和指导,帮助他们建立自信并进一步提高学习积极性.教师的指导切忌将学生的研究引向已有的结论,而是提供信息、启发思路、补充知识、介绍方法和线索,引导学生质疑、探究和创新. 2.指导过程记录.指导教师要指导学生写好研究日记,及时记载研究情况,真实记录个人体验,为以后进行总结和评价提供依据. 3.落实重点指导.指导教师可以根据学校和班级制定数学建模学习的相应目标和主客观条件,在不同的学习阶段进行重点的指导,如重点指导资料搜集工作,或指导设计解决问题的方案,或指导学生如何形成结论、撰写研究报告等	1.搜集分析信息.学生应了解和学习搜集资料的方法,掌握通过实地和网络两种方式进行访谈、问卷调查、查阅文献等获取资料的方法,并选择有效方式获取所需要的信息资料,综合分析信息进行判断,得出相应的结论.要反思所得结论是否充分地回答了要研究的问题,是否有必要采取其他方法获取证据以支持所得结论. 2.开展调查研究.学生应根据个人或小组集体设计的研究方案,确定的研究方法,选择合适的人、事、物及地点进行调查,获取调查结果.在这一过程中,学生应如实记载调查中所获得的基本信息,形成记录实践过程的文字、图片、视频等多种形式的"作品",同时要学会从各种调研结果、实验、信息资料中归纳出解决问题的重要思路或观点.

续表

活动实施阶段	教师工作内容	学生工作内容
表达交流阶段（结题阶段）	1.组织结题汇报.组织学生撰写数学建模活动总结报告,进行结题汇报. 2.开展评价鉴定.根据学生在数学建模学习中的学习态度、交流意识、合作精神、动手能力、结题报告等进行综合评价	结题汇报交流.学生以口头和书面两种方式向指导教师汇报学习成果,汇报方式提倡多样化,可采取开结题报告会、辩论会、研讨会等方式组织结题活动

案例1 建立函数模型解决实际问题

一、第1课时

（一）教学设计说明

【内容分析】

以初阶课程中的高中数学人教A版(2019版)教材的必修(第一册)的数学建模"建立函数模型解决实际问题"第1课时为例,基于45分钟的常规课时难以保证数学建模教学的延续性和可操作性,本节课将数学建模案例分析和团队活动有机整合成一节90分钟的大课,作为数学建模初阶课程的入门基础课.课堂上以教材中的问题作为数学建模的入门案例,引导学生构建数学模型解决实际问题,体验数学建模的关键流程.

【课标分析】

通览《普通高中课程方案和语文等学科课程标准(2017年版)》,数学建模(或建模、模型建构)同时呈现在数学、信息技术、通用技术、物理、化学、生物等学科的核心素养当中,体现出数学建模在实现数学与科技学科的交叉和融合中的核心地位,开展高中数学建模活动是实施数学创新人才培养的有力抓手.

【学情分析】

在本节课之前学生已经学习了函数的概念与性质,也了解了一元二次函数、幂函数、指数函数、对数函数等基本概念与性质,这都为建立函数模型解决实际问题的教学提供了基础.本节课主要让学生在已有知识的基础上,学会从生活实际中发现数学问题,建立合适的函数模型.解决问题函数模型的应用与函数模型的建立有一定距离,如何从实际问题中抽象出数学模型是学生学习的障碍.

【教学目标】

(1)正确价值观:

理解和掌握函数模型基本概念,体会函数模型建立全过程,能够自主从实际情境中抽象出数学模型,并在实践中验证、完善模型,培养学生数学建模能力,逐步提升核心素养.通过数学建模活动引导学生体验数学的实际应用与函数模型的抽象过程,以"实践—认识—再实践—再认识"来提高辩证分析问题的能力,优化思维品质,培养健康的心理素质,使学生深入体会数学模型在现实生产生活中的广泛应用和重要价值,并在运用数学知识解决现实生活问题的过程中感悟数学的科学价值、应用价值、文化价值和审美价值.

(2)必备品格:

以数学研究性学习活动为载体,在解决现实问题的过程中,渗透数学思想,发展理性精神,树立理想信念,促进审美追求,培养学生爱国情怀、团队意识和自律品质.

(3)关键能力:

通过实际情境的引入,引导学生发现和提出问题,让学生在观察、分析、探索、归纳和交流过程中获得数学建模的方法,培养学生识模、建模、用模的能力.

【教学重点】

探索、经历函数模型的抽象过程,掌握数据拟合、模型建立的方法.

【教学难点】

数据搜集、拟合,现实问题的数学抽象,数学模型的选择、求解与应用.

(二)教学过程设计

1.环节一:初识建模,广泛了解

(1)什么是模型和数学模型?

模型(model)是指人们为了某个特定目的,将原型所具有本质属性的某一部分信息进行适当的简化、提炼而构造的一种原型替代物.

数学模型定义如下:

数学模型是针对参照某种事物的特征或数量依存关系,用数学语言表述出的一种数学结构,如代数方程、几何图形、函数表达式等.

(2)什么是数学建模?

数学建模是对现实问题进行数学抽象,用数学语言表达问题,用数学知识与方法构建模型,解决问题的过程.

(3)数学建模与解应用题有什么关系?

①应用题是对实际问题的提炼,问题比较明确,给出的条件是充分的;数学建模问题直接来自实际,条件往往是不充分的.

②在建模过程中为了使问题明确,需要做必要的简化假设,而解应用题一般不需要做简化假设.

③数学建模的讨论与验证比应用题中的检验要复杂,不仅要验证解是否符合题意,而且要考察是否与假设矛盾,与实际情况是否吻合等.

(4)更多有关数学建模的介绍可在课外时间通过网络查阅专业文献网站,如中国知网、维普网等.

【师生活动】

(1)举例说明一:

如建筑物模型、飞机模型、水坝模型、人造卫星模型、大型水电站模型,这些模型都是实物模型;也有用文字、符号、图表、公式、框图等描述客观事物的某些特征和内在联系的抽象模型,如模拟模型、数学模型等.

(2)举例说明二:

例如,火箭在做短程飞行时,要研究其运动轨迹,可以不考虑地球自转的影响,但若火箭做洲际飞行,就要考虑地球自转的影响了.又如,同是一次火箭飞行实验,在研究其射程时可不考虑某些空气阻力的影响,但在研究其命中精度时就必须考虑这些因素.以解决某个现实问题为目的,经过分析简化,从中抽象、归纳出来的数学问题就是该问题的数学模型,这个过程称为数学建模.

(3)提出问题:

对于现实问题,如何通过数学建模的方法来解决问题?是不是任何现实问题都可以通过数学建模来解决?为了帮助同学们了解和体验数学建模的全过程,我们将引入一个实例,通过函数知识来解决相关问题.

【设计意图】

通过让学生了解模型、数学模型、数学建模的概念,辨别数学建模与解应用题的关系,引导学生广泛学习数学建模知识,为新课的讲解做铺垫.

2.环节二:引入实例,发现问题

中国茶文化博大精深,茶水的口感与茶叶类型和水的温度有关.经验表明,某种绿茶用 85 ℃的水泡制,再等到茶水温度降至 60 ℃时饮用,可以产生最佳口感.那么在 25 ℃室温下,刚泡好的茶水大约需要放置多长时间才能达到最佳饮用口感?

【师生活动】

师:问题 1:可以通过什么方法来解决这个问题?

问题2:选取哪一种函数模型合适?

在前面的活动中,学生应能想到先分析其中的常量、变量及其相互关系以寻求建立函数模型解决问题,设法建立时间与茶水温度的函数模型.

【设计意图】

通过课本实例,让学生体会数学来源于生活,并应用于生活,提升学生数学应用意识.

3.环节三:获取数据,观察分析

数据的采集是科学研究的重要环节,数学建模教学要引导学生通过自主实验和权威渠道获取数据,明确数据的来源、类型、范围、数量、选取依据和处理方法.针对上述问题,引导学生运用函数思想,将采集的数据转化为函数图像进行分析,探索温度随时间变化而变化的规律.

(1)建立模型所需数据的搜集与分析:

例如,某研究人员每隔 1 min 测量一次茶水温度,得到如表 2-3-4 所列的一组数据.

表 2-3-4　采集的时间与水温数据

时间	0	1	2	3	4	5
水温	85.00	79.19	74.75	71.19	68.19	65.10

(2)画出散点图(图 2-3-1):

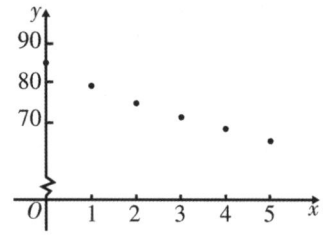

图 2-3-1　散点图

【师生活动】

师:问题1:如何确定需要的数据类型、范围、数量?

问题2:获取数据的方法、途径有哪些?如何选取?

问题3:如何处理所获得的数据?

由前面的铺垫,学生容易得出结论:需获取不同时间下茶水温度的数据.学生在教师引导下建立茶水温度与时间的函数模型,数据搜集时间应以"min"为单位较为合适;在教师提示下,提出获取数据的方法、工具,并对所获得数据进行简单处理,绘图观察分析.

【设计意图】

引导学生在建模过程中根据数据特征,选择建立函数模型来处理问题,培养数学建模素养和数学应用的思维意识.

4.环节四:建立模型,求解模型

事物之间的联系纷繁复杂,需要找到解决问题的核心要素,去除干扰因素.模型假设的关键是理清什么能研究,什么不能研究,找出关键变量,去掉不能研究的变量.根据已画出的散点图,可假设茶水温度随时间的变化不受天气和容器保温、散热效果等因素的影响,并确定时间变量为 $x(\min)$,温度变量为 $y(℃)$.经过探究分析,学生可选择的函数模型有反比例型函数 $y=\dfrac{k}{x+a}+25$ ($k>0, a>0, x\geqslant 0$)、指数型函数 $y=ka^x+25(k\in \mathbf{R}, 0<a<1, x\geqslant 0)$ 和对数型函数 $y=k\log_a x+25(k\in \mathbf{R}, 0<a<1, x>0)$.

(1)观察散点图(图2-3-1).

(2)选择模型:

选择 $y=ka^x+25(k\in \mathbf{R}, 0<a<1, x\geqslant 0)$ 用来近似刻画问题.

(3)求解模型:

①求参数 k:

由实际情况已知,当 $x=0$ 时,$y=85$,可求得 $k=60$.

②求参数 a:

从第2分钟的温度数据开始,计算每分钟$(y-25)$的值与上一分钟$(y-25)$值的比值,见表2-3-5.

表2-3-5 $(y-25)$比值

x	0	1	2	3	4	5
$y-25$	60.00	54.19	49.75	46.19	43.19	40.10
比值	—	0.9032	0.9181	0.9284	0.9351	0.9285

计算各比值的平均值,得到

$$a=\dfrac{1}{5}(0.9032+0.9181+0.9284+0.9351+0.9285)=0.9227.$$

(4)得到模型:
$$y = 60 \times 0.9227^x + 25 \quad (x \geqslant 0). \qquad ①$$

【师生活动】

师:问题1:考虑实际情况,应选择建立什么样的函数模型?

问题2:能否直接将所测得的某一个时间点及其对应温度代入函数模型求解参数 a 的值?这与用比值的平均值作为 a 建立函数模型有何区别?

(1)师生共同猜想可能的函数模型,学生根据数据散点图考虑到运用已学过的基本函数.例如,一次函数 $y = kx (k < 0)$;指数函数 $y = ka^x (0 < a < 1)$;对数函数 $y = k \log_a^x (0 < a < 1)$.

(2)学生关注温度下降的限度是室温(25 ℃),结合实际情况,选择指数函数模型,求解所建立函数模型中的参数 k、a.

(3)明确运用平均值作为 a 建立的函数模型更为准确,建立函数模型应考虑实际条件和实际应用的合理性、便捷性.

【设计意图】

函数模型的建立与求解过程始终强调对实际情况的考虑,渗透建模思想,使学生明确数学建模立足于实际,也将应用于实际,不可脱离实际,在选择统计指标时应注意其合理性、准确性.

5.环节五:模型检验,应用模型

(1)检验模型:

将数据代入模型 $y = 60 \times 0.9227^x + 25 (x \geqslant 0)$ 计算,对比实际值与估计值(表2-3-6);也可以画出函数图像(图2-3-2),与原来的散点图进行拟合,观察拟合效果.如果模型与实际较吻合,则要给出计算结果的实际含义,并进行解释;反之,则需修改假设,重复建模过程.

表2-3-6 茶水温度实际值与估计值对比

时间	0	1	2	3	4	5
水温	85.00	79.19	74.75	71.19	68.19	65.10
估计值	85.00	80.36	76.08	72.13	68.49	65.13

将已知数据代入①式,或者画出①式的图像(图2-3-2).

从表格和图像来看,拟合效果较好,则说明所求模型适用于待解决的实际问题.

(2)模型应用:

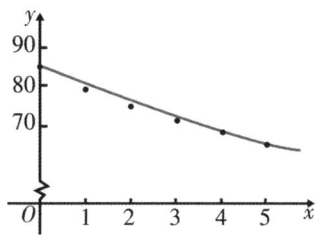

图 2-3-2　函数图像

应用模型 $y=60\times0.9227^{x}+25(x\geqslant0)$ 来回答“刚泡好的茶水大约需要放置多长时间才能达到 60 ℃?”的问题，只需将 $y=60$ 代入 $y=60\times0.9227^{x}+25(x\geqslant0)$，求得 $x=\log_{0.9227}\frac{7}{12}$，借助信息技术软件进行计算(图 2-3-3)，得到 $x\approx6.6997$，所以刚泡好的茶水大约需要放置 7 min 能达到最佳饮用口感.

=LOG(C2, B2)

B	C	D
底数	真数	结果
0.9227	0.5833	6.699676

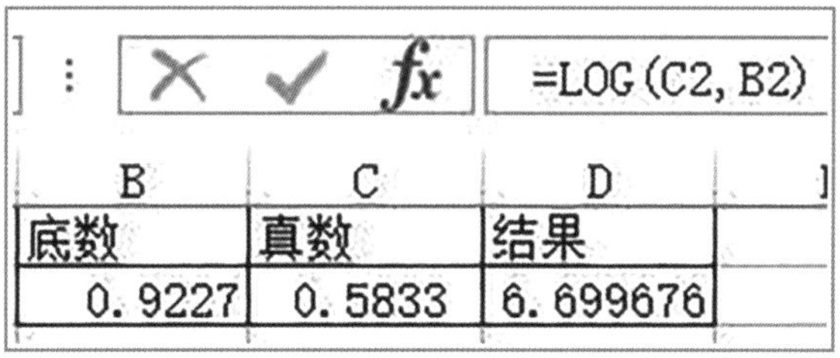

图 2-3-3　Excel 软件辅助对数计算

【师生活动】

师：问题 1：我们如何检验模型更加合理?

学生提出将已知的数据代入函数模型进行验证.

问题 2：代入一组数据进行检验是否足够?

学生意识到应代入多组数据进行验证.

(教师补充：代入多组数据能排除偶然性，使结果更具可靠性.)

问题 3：还有其他方法验证吗? 在构建函数模型的基础上，如何得知最佳饮用口感的茶水放置时间?

教师引导学生还可通过函数图像，与散点图进行对比发现函数模型图像与数据基本吻合.学生运用构建的函数模型来分析、解决问题，要找到现实问题的方法，必须理论联系实际，抽象出数量关系，建立相应的数学模型，这是问题解决的关键.

此外,从结论来看,7 min 的放置时间与人们日常饮茶的习惯和生活节奏不尽相同,如何改进和优化现实问题,创新性地解决数学建模过程中有研究价值的问题,是数学建模活动培养学生创新能力的关键环节,需要教师适时引导,激发学生创新潜能,促进数学建模成为撬动数学创新教育的支点.例如,可引导学生讨论在不影响茶叶营养成分的前提下,如何更快达到茶水的最佳饮用口感;又如,选择生活中常见的三款茶叶,研究对比不同茶叶达到最佳口感的温度和时间,为消费者提供建议.

【设计意图】

数据验证,培养学生严谨的科学思维.运用图形进行验证,使学生感受数形结合的直观性和科学性,并通过引导学生观察和思考数据与现实生活的关联性,提出新问题,培养学生的创新思维和应用能力.

6.环节六:展示成果,感悟价值

学生经历数学建模的核心过程之后,需要用语言和文字表述研究过程和结论.课堂上通过让学生以纸质海报的形式呈现研究成果,并对研究成果进行演讲展示,旨在锻炼学生胆识的同时,提升学生自信心和综合素质.在总结数学建模解决现实问题的流程之余,引导学生对比传统数学解题与数学建模的差异,从面对的问题、有无标准答案、参与对象、实现目标、成果形式五个方面体现数学建模的开放性、创新性、合作性、应用性、学术性等特征(表 2-3-7),促进学生认知的升华,感悟数学应用价值.

表 2-3-7　数学建模与数学解题特征对比

项　目	传统数学解题	数学建模活动	数学建模特征
面对的问题	理想化的问题	现实生活中的开放性问题	开放性
有无标准答案	有	无	创新性
参与对象	个人	团队	合作性
实现目标	解数学题	解决现实问题	应用性
成果形式	解题答案	研究报告(论文)	学术性

本节课通过研究茶水的口感与放置时间的关系,让学生了解利用函数模型拟合解决实际问题的过程和基本步骤,即"观察实际情景→发现和提出问题→搜集和分析数据→选择和建立模型→求解和检验模型→应用和评价模型".在此基础上,在后续课时结合数学建模研究报告的撰写和展示交流,引导学生经历"选题→开题→做题→结题"的研究过程,全面了解数学建模活动的各个环节

(图 2-3-4),使学生在后续的数学建模活动中有章可循.

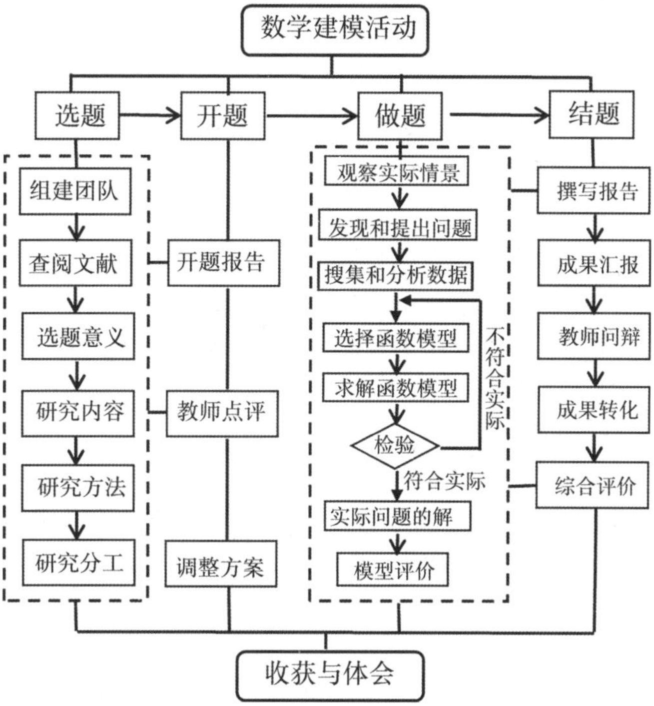

图 2-3-4　数学建模活动实施流程

【师生活动】

教师引导学生通过自我反思,归纳总结得出建立函数模型的过程:

(1)数形结合,通过观察图像分析数据,猜想、验证函数模型.

(2)在构建函数模型过程中,领会函数与方程思想.

(3)明确建立函数模型解决实际问题需始终立足于实际情境,构建的模型应合理、适用.

【设计意图】

进一步明确本节课所学函数模型的构建过程及体现的思想方法,初步了解数学建模活动的整体框架,为下节课指导学生开展数学建模活动做好铺垫.

二、第2、3课时教学过程设计

(一)环节一：知识回顾,引入新知

(1)回顾数学建模活动的实施过程.

(2)上一节课体验了"做题"这一关键环节的整个过程,这一节课将重点了解"选题"、"开题"和"结题".

【师生活动】

教师引导学生回顾数学建模的过程,确定数学建模"选题→开题→做题→结题"的全过程.

【设计意图】

回顾上节课学习的数学建模活动实施流程图,衔接本节课的学习内容.

(二)环节二:明确流程,合作探究

1.流程一:明确方向,科学选题

数学建模活动的选题流程:

(1)广泛自主学习:

广泛寻找数学建模学习资源,了解数学建模活动的过程、方法和必备知识,扩展知识面,打牢基础,注意要"广、浅、新".

(2)组建研究团队:

数学建模活动需要团队协作.首先,在班级中组建2~4人的数学建模活动小组,每位同学参加其中一个小组.在小组内,要确定一个负责人,每位成员都有明确的分工.成员在团队协调、文字撰写、数学应用、信息技术等方面进行分工协作.

(3)选择研究课题:

第一种方式:继续研究不同室温下泡制一杯最佳口感茶水所需的时间.

第二种方式:从以下课题中选择一个进行研究.

①应在炒菜之前多长时间将冰箱里的肉拿出来解冻.

②根据某一同学的身高和体重,判断该同学是否超重.

③用微波炉或电磁炉烧一壶开水,找到最省电的功率设定方法.

④估计阅读一本书所需要的时间.

第三种方式:可以根据自己的兴趣,与老师协商后确定一个课题进行研究.

(4)查询文献:

通过图书馆或者网络查阅与所研究课题相关的文献,了解课题研究的现状.

(5)初拟方案:

数学建模活动小组共同讨论和确定具体的研究方案,包括确定合适的研究方法(文献研究法、观察法、访谈法、实验研究法、问卷调查法等),搜集可能获得的信息,准备调查研究所要求的知识技能、人员分工,可能采取的行动和可能得到的结果.

【师生活动】

(1)明确指导方向：

教师深入了解指导的数学建模问题的国内外研究现状,明确指导方向,并对研究的重点、难点及创新点做到心中有数.

(2)搜集课题资料：

教师帮助学生初步搜集本课题的相关资料(图片、文字、视频等),了解有关研究题目所需的知识水平,以及该题目中隐含的争议性问题,使学生从多个角度认识、分析问题.

(3)组织学生讨论：

教师通过对课题背景知识的铺垫,调动学生原有的知识和经验,组织学生组建学习小组进行讨论,提出核心问题,诱发学生探究的动机,在此基础上确定研究方向和范围.

(4)初拟研究方案：

在课内外充分讨论的基础上,数学建模活动小组拟订课题研究方案,为"开题"工作做好准备.

【设计意图】

选题工作是数学建模活动的起始环节,指导学生做好选题工作有利于帮助学生组建一个团结有力的数学建模活动小组,培养学生自主能力和团队意识.

2.流程二：开题论证,制订方案

数学建模活动的开题工作流程：

(1)撰写开题报告：

根据调查研究的文献、数据等信息撰写开题报告,开题报告应包含课题研究现状、研究意义和价值、研究内容和方法、研究进度和人员分工等.

(2)组织开题论证：

组织召开数学建模活动开题论证会,由各小组对开题报告内容进行汇报,由教师、家长和专业人士组成的专家论证小组对开题报告进行论证.

(3)确定研究方案：

学生根据专家论证小组的意见和建议修改研究方案,并开始进行数学建模活动的"做题"工作.

【师生活动】

教师指导学生规范撰写开题报告,使学生明确开题论证的流程,学生应根据教师指导做好相关开题流程和细节的记录工作.

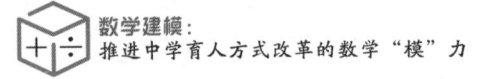

【设计意图】

开题工作是学生为课题研究进行设计和规划的重要环节,适时而有效的指导可以让学生有章可循、有的放矢.

3.流程三:建立模型,解决问题

数学建模活动的做题工作流程:

(1)问题分析:

明确问题中所给出的信息、要完成的任务和所要做的工作、可能用到的知识和方法、问题的特点和限制条件、重点和难点、开展工作的程序和步骤等.

(2)数据处理:

学生应了解和学习搜集资料的方法,掌握通过实地和网络两种方式进行访谈、问卷调查、查阅文献等获取资料的方法,并选择有效方式获取数据,分析数据.

(3)模型假设:

根据问题的实际意义,在明确建模目的的基础上,对所研究的问题进行必要的、合理的简化,用准确简练的语言给出表述.

(4)建立模型:

根据所给的条件和数据,建立起问题中相关变量或因素之间的数学规律,可以是数学表达式、图形和表格,或者是一个算法等,都是数学模型的表示形式,这些形式有时可以相互转换.

(5)模型求解:

不同的数学模型的求解方法一般是不同的,通常涉及不同数学分支的专门知识和方法,求解过程可通过计算机编程和数学工具软件辅助计算.一般情况下,对较简单的问题,应力求普遍性;对较复杂的问题,可从特殊到一般的求解思路来完成.

(6)应用检验:

对于所建立的数学模型以及求解结果,到实际中去进行检验后,才能被证明是正确的;否则,就需要修正模型的假设或条件,重新建立模型,直到通过实际的检验为止,方可应用于实际.

(7)分析评价:

要对模型的解的实际意义进行分析,即模型的解在实际问题中说明了什么、效果怎样、模型的适用范围如何等.同时,还要进行必要的误差分析和灵敏度分析,能对模型的优缺点进行科学的判断.

【师生活动】

教师引导学生对照"饮茶"案例梳理"做题"环节的实施流程,使抽象的数学建模过程序化、具体化、形象化.数学建模小组能根据流程图在建模活动中顺利完成相关工作,数学建模做题时长各校根据实际情况自主安排,因涉及学生上课和日常作业,数学建模做题时间可考虑和高中研究性学习课程结合在一起,将数学建模活动纳入研究性学习课程.

【设计意图】

这个环节是数学建模活动的核心环节,教师在前一节课已经做了案例分析,这里进行一些细节上的指导,有利于学生明确数学建模做题的规范要求.

4. 流程四:结题汇报,交流展示

数学建模活动的结题工作流程:

(1)撰写研究报告(论文):

根据"开题"和"做题"情况,各建模小组撰写数学建模研究报告,研究报告应参考学术论文的规范要求进行撰写,应包含内容:课题名称、摘要(500字以内)、关键词(3~5个)、问题分析、模型假设、建立模型、模型求解、模型检验、模型应用、模型评价(优缺点)、研究结论、反思与展望(收获与体会)及参考文献等.**(有关数学建模论文的写作指导见本书第五章)**

(2)研究成果展示:

建模小组以做报告(演讲)的形式向指导教师汇报数学建模活动的研究成果,汇报时间5~8 min,可选一人作为代表进行报告,也可以多人分工做报告.

(3)接受教师问辩:

指导教师针对各数学建模小组的结题报告的科学性、严谨性、实用性和创新性等方面进行问辩.

(4)研究成果评价:

评审小组(教师)、学生本人及所在小组成员参考附件中的《高中数学建模活动过程评价表》进行三方评价.

【师生活动】

教师应对数学建模研究报告的撰写进行细节指导,不仅包括研究报告的整体框架和内容,还应关注研究报告的学术规范,如摘要、关键词、引用的参考文献、数字序号、数学符号编辑和图表标识规范("表上图下"原则)等.此外,还应对文字内容的字体、字号、段落格式和如何避免错别字等提出规范要求,尤其要关注学生的学术诚信问题,强调引用他人观点和研究结论要在文中按要求标注参考文献,杜绝抄袭、剽窃等学术不端行为.

【设计意图】

学生缺乏撰写数学建模研究报告的经验,教师做好撰写指导十分必要,有效的指导不仅能提升学生的数学语言和文字表达能力,也能提高学生的学术水平.活动成果的展示和交流对培养学生语言表达、团队协作应变能力和创新精神有积极作用.

(三)环节三:组织开题,调整方案(建议本环节安排在第3课时)

(1)组织开题论证:

组建以数学教师、科技学科教师或专业人士为成员的开题论证小组,论证小组成员参加开题论证会.

(2)开题报告展示:

以建模小组为单位,向论证小组的老师做开题报告,汇报时间 5~8 min,可选一人作为代表进行报告,也可以多人分工报告.

(3)论证小组点评:

论证小组成员针对各数学建模小组的研究方案的科学性和严谨性、研究内容的实用性和创新性,研究方法、研究计划和人员分工的合理性进行点评.

【师生活动】

(1)由教师(数学教师或科技学科教师)组织学生进行开题论证,开题论证小组成员以 3~5 人为宜.

(2)学生应事先写好开题报告,做好开题汇报PPT,并按开题论证小组人数打印开题报告,发给评审人员.

【设计意图】

通过邀请其他学科教师和相关专业人士参加开题论证,有利于促进学科资源的整合,也为数学建模活动的开展提供跨学科教学资源.

三、第 4 课时教学过程设计

(一)环节一:组织结题,调整方案

(1)组建评审小组:

组建以教师、家长和其他专业人士为成员的评审小组,评审小组成员全程参加结题汇报会.

(2)研究成果展示:

以建模小组为单位,向评审小组汇报数学建模活动的研究成果,汇报时间 5~8 min,可选一人作为代表进行报告,也可以多人分工做报告.

(3)评审小组问辩:

评审小组针对各数学建模小组的结题报告的科学性、严谨性、实用性和创新性等进行问辩.

【师生活动】

(1)教师指导学生组织结题汇报会,教师邀请家长和与课题有关的专业人士参加,人数以3~5人为宜.

(2)学生事先做好汇报PPT,并按评审小组人数打印研究报告,发给评审人员.

【设计意图】

通过邀请家长和相关专业人士参与评审,有利于家、校、社三方资源的整合,为数学建模活动的开展提供优质教学和信息资源.

(二)环节二:多元评价,鉴定成果

(1)进行三方评价:

评审小组(教师)、学生本人及所在小组成员参考附件中的《高中数学建模活动过程评价表》进行三方评价.

(2)推动成果转化:

各数学建模小组根据评审小组的意见和建议,突出成果的科学性、严谨性、实用性和创新性,将研究成果进行修改、完善,撰写成科技小论文,通过学校遴选参加各级数学建模和科技创新比赛.

【师生活动】

(1)打印《高中数学建模活动过程评价表》.学生本人和小组先做好自评和互评工作,将填写好自评和互评成绩的评审表格按数学建模小组的人数发给评审人员.

(2)学生做好评审意见记录工作,根据评审意见修改和进一步完善研究报告,教师应积极推动优秀研究成果的转化.

【设计意图】

通过"三方评价"能客观地体现学生在数学建模团队活动中的表现,有利于遴选优质的研究成果,发现有潜质的创新人才.

附件

高中数学建模活动过程评价表

项目名称					
项目成员					
评估内容		分值	自评(A)	互评(B)	评审(C)
课堂表现	上课考勤	10			
	课堂互动	10			
	创新选题	10			
数学建模过程	问题分析	5			
	查阅文献	5			
	模型假设	5			
	建立模型	10			
	模型求解	5			
	分析评价	5			
	应用检验	5			
	论文写作	10			
研究成果	现场答辩	10			
	比赛获奖	10			
合计					
总分 $P=(A+B)\times 30\% + C\times 40\%$				等级	
学分认定意见:在相应栏目打"√":通过(　　),不通过(　　) 等级:					
指导教师签名		评审小组成员签名		学生签名	

表格填写说明:

1.各项目评分根据学生研究报告的撰写质量和过程性表现,由学生本人(自评)、小组成员(互评)、评审小组(评审)酌情打分。

2.等级评定以总分所在区间确定,85 分(含)以上为优秀,75~84 分为良好,60~74 分为合格,60 分以下为不合格。

第四节　MRS课程案例
——中阶篇

研究性学习课程是在学生完成初阶课程的基础上,根据自身兴趣和数学建模能力选修的数学建模中阶课程.研究性学习课程的内容以 Excel、Matlab等基础软件,数学建模案例和常用建模方法的教学为主,师生围绕现实生活中的热点问题,共同完成研究内容的确定、方法的选择,最终实现问题的解决.例如,研究"交通枢纽接驳布局设计"问题时,由师生围绕生活中的交通枢纽换乘问题展开研究,通过实地考察交通枢纽所在地的情况,访谈相关部门工程师和管理人员,设计问卷搜集数据,绘制交通枢纽换乘示意图(图 2-4-1),结合数列、函数和模拟退火算法,对交通枢纽接驳布局的设计开展数学建模活动,探寻交通功能区布局优化的最优解.虽然该学习小组的研究结果在实际应用中仍存在不少待改进的问题,比如功能区划分较分散、楼层间换乘方式缺乏便利性、建筑成本与营运成本的综合考量不足等,但学生在数学建模活动中积累了经验,运用数学、信息技术工具解决 STEM 问题的能力得到锻炼和提升.

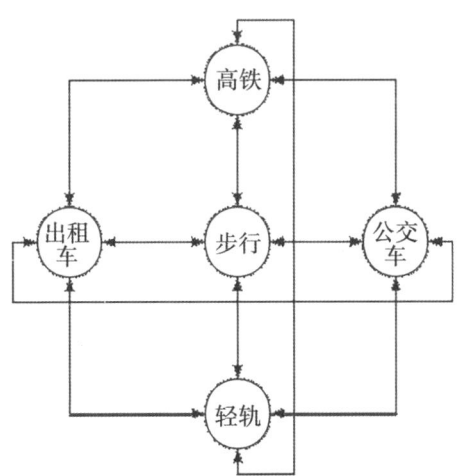

图 2-4-1　交通枢纽换乘示意

案例2 分期购车问题

一、教学设计说明

【内容分析】

本节课是一节数学建模研究性学习的案例探究课,以生活中的分期购车为背景探索用数学建模方法解决现实问题的过程,内容涉及数列、指数函数和对数函数的相关知识,是现实情境(非理想化数学情境)下让学生亲身经历"约定假设→模型建立→模型求解→应用检验→进一步讨论"过程,为学生后期开展数学建模活动奠定基础.

【课标分析】

在高中必修课程和选择性必修课程的基础上,面向不同层次的全体学生,开展校本数学建模活动,构建富有特色的跨学科数学建模课程体系.通过高中数学建模课程的学习,学生能有意识地用数学语言表达现实世界,发现和提出问题,感悟数学与现实之间的关联;学会用数学模型解决实际问题,积累数学实践的经验;认识数学模型在科学、社会、工程技术诸多领域的作用,提升实践能力,增强创新意识和科学精神.

【学情分析】

在本课之前学生已经学习了《普通高中课程标准实验教科书·数学 必修1》[人教 A 版(2019)]中数学建模活动"建立函数模型解决实际问题"的内容,了解和体验了数学建模活动的全过程,已具备初步利用数学建模方法解决问题的基本能力,但仍欠缺用数学方法解决不同类型现实问题的经验.因此,案例教学成为数学建模课程体系中必不可少的内容.本节课主要让学生在已有知识的基础上,了解"分期购物"问题的数学本质,能通过合理假设,抽象出合适的数学模型,并结合信息技术工具进行计算,建立模型依然是学生学习中要突破的难点.

【教学目标】

(1)正确价值观:

理解和掌握数列、指数函数、对数函数的性质与运算方法,体会数列、函数和方程模型建立全过程,通过数学建模活动引导学生体验数学的实际应用与数学模型的抽象过程,使学生深入体会数学模型在现实生产生活中的广泛应用和重要价值.

(2)必备品格:

以数学建模案例学习为载体,在解决现实问题的过程中,丰富学生运用数学解决现实问题的方法和策略,渗透数学思想,发展理性精神,树立理想信念,促进审美追求,培养学生创新精神、合作意识和自律品质.

(3)关键能力:

通过现实生活问题的分析,引导学生在分析问题的基础上,能发现和提出问题,进一步启发学生发现问题的意识,培养学生提出问题的能力,提升学生分析问题的层次,丰富学生解决问题的策略,从而推进数学核心素养落地.

【教学重点】

探索、经历数列、函数和方程模型的抽象过程,掌握"分期购物"问题的基本建模方法.

【教学难点】

在现实情境(非理想化数学情境)下,对现实问题的数学抽象,数学模型的选择、求解与应用.

二、教学过程设计

1. 环节一:提出问题

随着我国人民生活水平的不断提高,汽车已走进寻常百姓家.为了促进消费,汽车商家推行购车贷款业务,现有一款汽车,只需自备 7 万元,其余由汽车公司代付,可分期还款,可分 10 年还清,每月只需付 800 元.现提出问题:

(1)这款汽车究竟值多少钱,即如果一次付款要付多少钱?

(2)如果一次性付款 12 万,是否合算?

(3)如果你有权限设定不同时间间隔的还款方式,请你和你的团队结合现实情况和不同人群的需求,建立数学模型对你所提出的还款方式进行量化分析,并根据量化分析的结果,为汽车销售商提出销售建议.

【师生活动】

教师引导学生解读现实生活情境下的具体问题,和学生共同分析问题中涉及的常量和变量,明确它们之间的数量关系,为后续的建立模型做准备.

【设计意图】

该问题是目前生活中常见的分期购物问题,前两个问题的设计更贴近学生的数学认知,类似常见的数学应用题,但又较为复杂,需要厘清多变量之间的关系来构建数学模型;第三问是开放性的问题,给学生提供一个充分发散和创新的空间.

2. 环节二:建模过程

(1)约定假设:

假设汽车的总价为 M 元,买者需借 A_0 元,月利率为 R,借期为 N 个月,

每月付 x 元,到第 n 个月欠款 A_n 元,则第 $n+1$ 个月后(加利息)欠款:
$$A_{n+1}=(1+R)A_n-x, n=0,1,2,\cdots.$$

【师生活动】

教师引导学生设出问题中需要的变量,由学生推导出前一个月与后一个月欠款的递推公式.

(2)建立模型:
$$\begin{aligned}A_n&=A_0(1+R)^n-x[(1+R)^{n-1}+\\&\quad(1+R)^{n-2}+\cdots+(1+R)+1]\\&=A_0(1+R)^n-x\frac{(1+R)^n-1}{R}, n=0,1,2,\cdots,\end{aligned}$$ ①

即得 A_n, A_0, x, R, n 之间的关系.

【师生活动】

对高一的学生而言,尚未学习数列相关知识,教师通过各方程之间的关系来寻找规律,即

$A_1=A_0(1+R)-x$,

$A_2=A_1(1+R)-x=A_0(1+R)^2-x(1+R)-x$

$A_3=A_2(1+R)-x=A_0(1+R)^3-x(1+R)^2-x(1+R)-x$,

从而得出

$$A_n=A_0(1+R)^n-x\frac{(1+R)^n-1}{R}, n=0,1,2,\cdots.$$

对高二学生而言,则可通过等比数列求和公式得出.

(3)模型求解:

已知 $N=10$ 年 $=120$ 个月,$x=800$ 元,$A_0=(M-70000)$ 元,则要求10年还清,即 $A_{120}=0$,从而得 $0=A_0(1+R)^{120}-\dfrac{800}{R}[(1+R)^{120}-1]$,于是

$$A_0=\frac{800[(1+R)^{120}-1]}{R(1+R)^{120}}.$$ ②

【师生活动】

教师引导学生解读"欠款还清"与 $A_n=0$ 的关系,计算过程可由学生自主完成.

(4)应用检验:

不妨设月利率 $R=0.01$,则由②式可算出 $A_0\approx 55760$ 元,于是汽车总价 $M\approx 70000+55760=125760$ 元.

由此可知,一次性付款额不应大于 M,否则,就应该自己去银行贷款,不

要借公司的钱了.

【师生活动】

这里涉及高次方的计算,教师引导学生利用电脑自带的科学计算器进行计算,也可利用 Excel 和 Matlab 等软件进行计算.

(5)进一步讨论:

提出新问题 1:现有某中学王老师为购车向公司借 $A_0=60000$ 元,月息 $R=0.01$,若每月还一次钱,要 25 年=300 月还清,王老师希望知道平均每月还多少钱?

提出新问题 2:如果王老师每半月还一次款,平均每次还 $x=\frac{632}{2}=316$ 元,半月息 $R=\frac{0.01}{2}=0.005$,则能让王老师提前 3 年还清,不过要求一次先付 3 个月的款 $632\times 3=1896$ 元作为手续费,问这种做法对谁有利?

【师生活动】

(1)要 25 年=300 个月还清贷款,即要 $A_{300}=A_0(1+R)^{300}-x\frac{(1+R)^{300}-1}{R}=0$,解得 $x\approx 632$ 元,即平均每月还 632 元,25 年可还清.

(2)注意到:由于王老师先预付了 1896 元,则事实上相当于王老师只借了 $A_0=60000-1896=58104$ 元,$R=0.005$,$x=316$ 代入①式,并令 $A_n=0$,即

$$A_n=A_0(1+R)^n-x\frac{(1+R)^n-1}{R}=0,$$

则可以解得

$$n=\frac{\ln\left(\frac{x}{x-A_0R}\right)}{\ln(1+R)}.$$

于是有 $n=505$(半月)≈ 21.04 年,即提前 3.96 年就还清了借款,即该公司至少从中多赚 $632\times 11.52=7280.64$ 元.

【设计意图】

本环节是数学建模活动的核心环节,包括"建模—解模—用模"等过程,让学生亲身体验数学建模方法解决现实问题的全过程,是提升学生数学建模核心素养、培养学生创新能力的重要载体.

3.环节三:合作建模

针对第三问,组织学生以数学建模小组为单位开展建模活动,撰写数学建模研究报告,并进行小组研究成果展示和问辩.这个过程要延伸到课外,合作

建模过程和研究报告的撰写作为课外作业完成,可利用数学建模社团活动时间来开展成果展示和问辩.

【设计意图】

传统的数学教学侧重培养学生的逻辑思维能力,使学生具备理想问题情境下的数学解题能力,去解答出确定的答案.而生活中的现实问题并非如此,它存在许多纷繁复杂的干扰因素,需要人们运用不同的数学方法不断尝试、探索、验证,并总结规律,其解决的方案是不确定的.本环节将案例教学和数学建模团队活动相结合,使数学建模活动从课内延伸到课外,体现科学研究的延续性,为学生提供一个数学应用和创新的机会.

第五节　MRS 课程案例
——高阶篇

STEM 校本课程是 MRS 课程的"终点",针对具备创新潜质和一定数学建模活动经验的学生,以创新性问题和项目为研究对象,整合多学科教学资源,根据学生实际需要增设 Python、Stella、Labview 软件和工程结构设计等与项目相关的学习内容.例如,"球类运动智能训练机设计"项目来自学生日常体育运动中产生的创新灵感,学生提出设计一款具备视觉、语音交互和游戏闯关等智能化功能的球类运动智能训练机,设想达到精准的人机互动和有效提升球类运动水平的目标.鉴于学生现有技术能力尚达不到该项目的要求,中学教学资源也难以满足项目的需求,于是学校与工科院校、科技企业建立校企共育人才机制,为学生提供 STEM 项目所需的信息技术和人工智能方面的学习内容,帮助学生深入了解训练机工作原理(图 2-5-1),对机器主控部分需要的软硬件功能展开学习和研究,构建数学、物理、信息、工程等学科知识相融合的综合模型,实现项目预期功能设计、制作和研究报告的撰写工作,并在科技企业的帮助下将研究成果转化为产品.

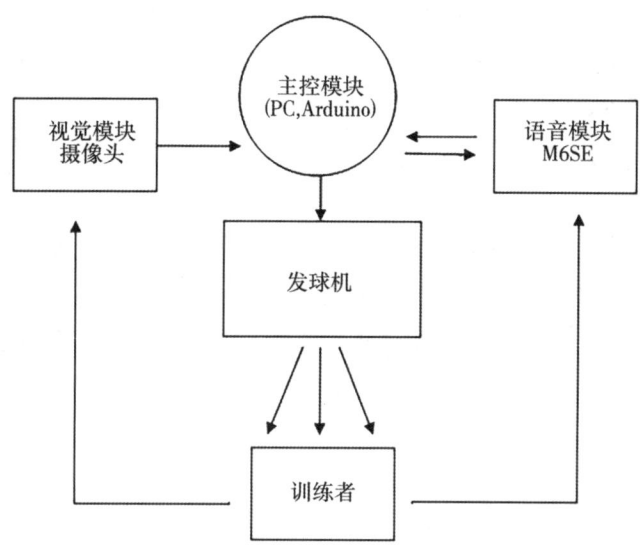

图 2-5-1　训练机工作原理总体框架

 案例3 一种开收轻便的多功能户外旅行伞

本课程案例来源于学生的 STEM 创新作品,是研究制作一种开收轻便的多功能户外旅行伞.该作品通过伞巢结构来实现伞具的开收轻便.伞巢结构由上巢组件和下巢组件构成,上巢组件是由上巢、上巢钩和弹簧组成,下巢组件则是由下巢和下巢推拉块组成.在此基础上,对雨伞使用功能进行智能化,在伞上增加了自拍功能、太阳能充电宝功能、定位跟踪功能、太阳能风扇防暑降温功能和测试紫外线功能,从而实现伞具开收的轻量化、自动化和智能化.

课程案例的实施通过对创新作品的研究背景、研究过程、研究拓展、研究结论、研究展望五个部分进行分析阐述,并播放相关操作视频,结合视频让学生亲身体验伞巢结构和智能功能的设计、组装和使用过程.

一、研究背景

传统雨伞的收合装置如图 2-5-2 所示,它由伞巢、伞杆和安装在伞杆上的弹性按钮构成[图 2-5-2(a)].开伞时,将下巢上推推过弹性按钮,利用弹性按钮顶住下巢,不让下巢下滑而撑开雨伞伞面;收伞时,按下弹性按钮让下巢下滑而回拢雨伞伞面.因此,开收伞的时候需要用手指将弹性按钮向伞中棒内按压,令其松释对下巢的限位、抵挡[图 2-5-2(b)和图 2-5-2(c)].对于图 2-5-2(a)结构而言,有一个不方便的地方,当按压时,手指会受到弹性按钮的反弹力等,从而导致手指有疼痛感且容易卡死.

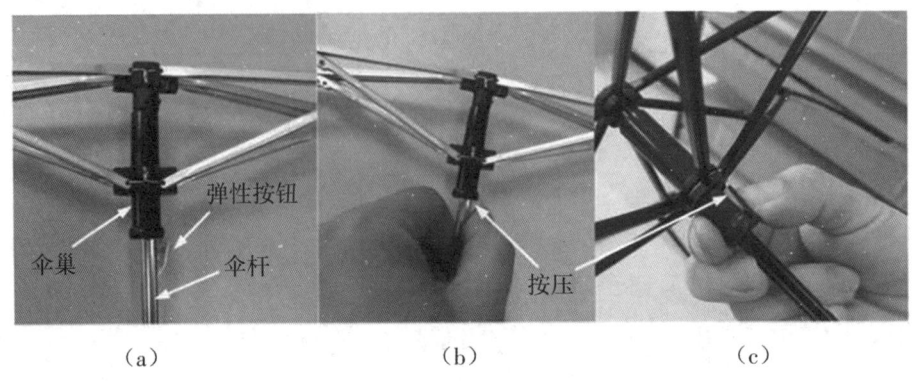

图 2-5-2 传统雨伞收合装置示意

为了克服弹性按钮会导致手指不适的问题,设计人员对图 2-5-2(a)的结构进行了改进.图 2-5-2(c)是改进后的收放伞结构,它是用塑胶上、下巢本身弹性来扣合,实现开收伞的.改进后的塑胶上、下巢消除了手指的不适感,但是这种结构也有很大的问题.这种伞的上、下巢和塑胶弹性扣件都是由塑胶制作而成的,塑胶弹性扣件被拉套挤开后回弹数次后(伞被开收数次后),塑胶弹性扣件会有相应的变形,严重的就会失去正常扣合功能(伞无法撑开).

能否改变雨伞的这个不足呢?以下阐述研究过程.

二、研究过程

(一)研究思路

(1)笔帽的启示.为了能将笔挂在口袋上或者固定在书本上,笔帽上都会设计一个挂钩,如图 2-5-3(a)所示.这个挂钩是一个弹性长柄,长柄的末端有一个凸扣.当要将笔别在书本或者笔记本上时,将笔帽的挂钩压入书本内,安装在挂钩长柄另一端的弹簧将末端的凸扣有力地压在书本上,凸扣就可将笔别在书上了,如图 2-5-3(b)所示.

如果将笔帽上的这个挂钩结构移植到雨伞上,是否能解决传统雨伞的问题呢?如图 2-5-4 所示结构是新设计的雨伞伞巢装置,新的雨伞伞巢结构由上巢组件[图 2-5-4(a)]与下巢组件[图 2-5-4(b)]组成.进一步,上巢组件由上巢、上巢钩和弹簧组成;下巢组件由下巢和拉套组成.

(2)伞巢的改良.上巢钩为一个杠杆结构,一端设计有突出巢钩.如图 2-5-4(a)所示,上巢钩安装在上巢钩支架上,形成一个杠杆结构,上巢钩没有突出的一端装配有一个弹簧,这个弹簧将有突出巢钩的一端向下压,形成一个下压力.

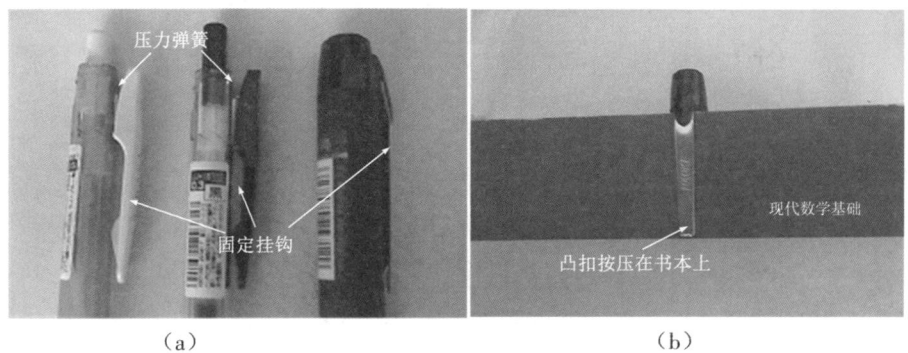

图 2-5-3　笔帽上的挂钩结构

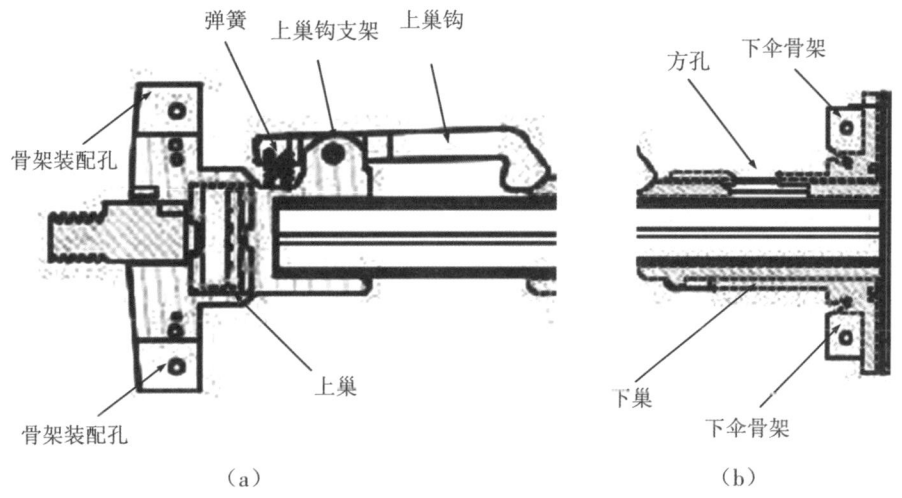

图 2-5-4　新的雨伞伞巢结构

如图 2-5-4(b)所示,下巢上设计有一个方孔,这个方孔在开伞时,接纳上巢钩的突出巢钩.上巢与下巢都设计有装配伞骨的装配孔,用于伞骨的安装.

图 2-5-5 是新雨伞上巢与下巢组合使用的示意图.上巢固定安装在伞杆的顶端;下巢与下巢推拉块安装在一起并套装在伞杆上,可自由滑动.当要开伞时,推动下巢推拉块将下巢上推[图 2-5-5(a)].当下巢与上巢钩的巢钩接触时,巢钩被顶开[图 2-5-5(b)],下巢继续上推.当上巢钩的巢钩落入下巢的方孔时,上巢钩另一端的弹簧将巢钩下压,保证上巢钩的巢钩紧紧地压入下巢方孔中[图 2-5-5(c)],下巢与上巢紧密结合,完成开伞动作.

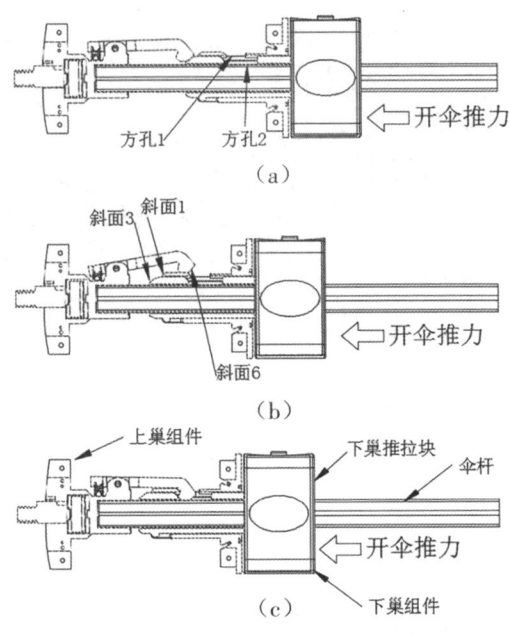

图 2-5-5　新雨伞上、下巢配合示意图

（二）具体实施

根据上述伞巢的设计思路，请专业人员将伞巢按照设计规范设计．图 2-5-6 是制作出的伞巢样品，制作样品的材料为塑钢（polyformaldehyde，POM）．

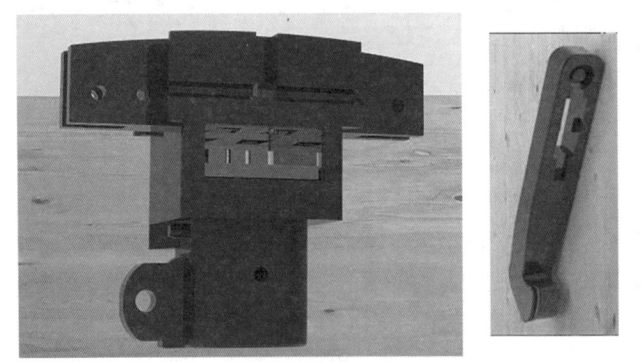 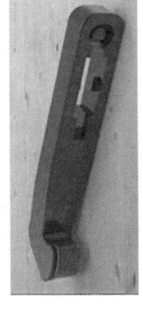 

　　　　上巢　　　　　　　　　上巢勾　　　　　　下巢

图 2-5-6　新伞上、下巢组件样品照片

图 2-5-7 是上、下巢安装在伞杆上的实物图，上巢安装在伞杆的顶部，固定不动，下巢套在伞杆上，可沿伞杆上下滑动．图 2-5-8 显示了开伞动作下，下巢与上巢的配合过程．

图 2-5-7　上、下巢在伞杆的安装状况

图 2-5-8　开伞动作时上、下巢的配合过程

三、研究拓展——户外旅行多功能结构

完成了对伞巢改造后,考虑到现在生活水平提高了,常常会外出旅游,雨伞是必备的工具,能否根据旅游的特点改造雨伞,使雨伞成为一个多功能的旅游工具?

(一)太阳能组件

现在太阳能发电技术已经十分普及,可以应用到雨伞改造上。雨伞打开时,伞面有 1 平方多米,可以利用雨伞伞面的部分面积,将太阳能电池装在伞面上,构成一个微型太阳能发电站,如图 2-5-9 所示.

图 2-5-9　安装在伞骨上的微型太阳能电站

(二)便携式风扇

雨伞上有了电源,就可以做许多事情,接着在雨伞上安装了一个微型风扇,这样在夏天旅游时,就不怕夏天的炎热了,如图 2-5-10 所示.

图 2-5-10　安装在雨伞上的电扇

如图 2-5-11 所示,智能伞头固定在伞杆尾部.智能伞头内有智能芯片和可以储电的锂电池;智能伞头外有紫外线窗口和自拍按钮.

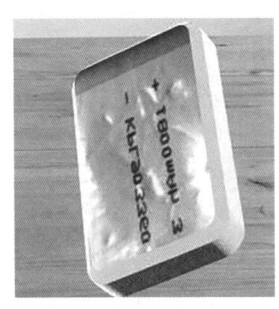  

锂电池　　　　　　　智能芯片　　　　　　　智能伞头

图 2-5-11　智能伞头组件

(三)实施过程

(1)主要是在伞上增加了太阳能风扇组件和智能伞头组件来满足户外旅行需求.

(2)太阳能风扇组件实现了将太阳能转化为电能,储存在锂电池中,可供充电或者风扇使用.太阳能组件电路图如图 2-5-12 所示.太阳能板将太阳能转化成电能传输到电路板,电路板又将电能传输到下巢推拉块内的锂电池里,再由锂电池通过风扇开关输送到上巢组件内的 USB 接口上.由图可以看出,只要有太阳光,太阳能板就会有电输入锂电池内储存.当打开伞想使用风扇降温时,把便携式风扇插入上巢组件上的 USB 接口内,再按下风扇开关即可.当其他用电器(手机)需应急用电时,可以插入下巢推拉块的放电口,将锂电池的电放出;当然也可以在必要时通过下巢推拉块上充电口,给下巢推拉块内的锂电池充电,以备不时之需.

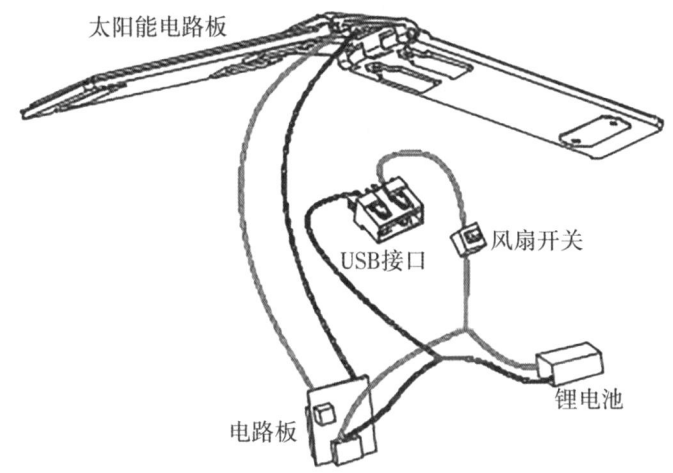

图 2-5-12　太阳能组件电路

(3)智能伞头组件主要是通过智能芯片与手机 App 连接,来实现自拍、紫外线测试和全球定位系统(global positioning system,GPS)定位的.先轻按一下智能伞头上的自拍(开关机)按钮;然后打开手机蓝牙,手机蓝牙与智能伞头配对成功即可.打开手机上的拍照窗口,就可用智能伞头控制手机进行拍照了.手机先安装好已做好的智能伞头专用 App,再打开 App 中的紫外线测试窗口,将智能伞头上的紫外线测试窗口对准太阳,就可以测出当前紫外线的值,并可以提供是否防护的提示;再打开 App 中的定位跟踪窗口,就可以查看伞的位置以及它的运动轨迹,定位雨伞的位置.

(4)风扇的使用方法：

开伞时,把便携式风扇插入上巢组件上的 USB 接口内,按下风扇开关即可.收伞后,可以将伞杆拉出一小段,将便携式风扇插入下巢推拉块 USB 接口内使用,达到驱热纳凉的效果,使用非常方便.

(5)充电、储电的方法：

充电,将手机充电线一端插入手机充电口,另一端插入下巢推拉块 USB 接口内就可以将锂电池中的电充入手机内.储电,将充电头一端插入电源,另一端插入下巢推拉块充电接口内就可以给锂电池充电,使用非常方便.

四、研究结论

这种开收轻便的伞槽结构能很好地解决常规伞具在使用中的缺陷问题,通过对伞具的开收关键部件伞巢部分的结构设计,实现开收伞轻盈方便的功能,其结构性能稳定、结构合理、操作十分简单,延长了伞巢的使用寿命.同时,利用该伞巢结构开发出"太阳能风扇""智能带架自拍""雨伞丢失找回""测试紫外线强度""储电充电"等功能,更能突显出前述创新点,能有效带动晴雨伞企业产业升级,推动整个晴雨伞业革新走向新高度,有着十分重要的现实意义和具有广阔的市场应用前景.

(本案例来源于厦门六中 2021 届毕业生蔡嘉钰同学的科技创新作品《一种开收轻便的多功能伞巢结构》)

参考文献

[1]张卫明.初中数学实验教学设计的思考[J].数学通报,2013,52(12):24-31.

[2]教育部基础教育司.全日制义务教育数学课程标准(2011版)[S].北京:北京师范大学出版社,2012:10-15.

[3]董林伟.论开展"数学实验"研究与实践的意义与方法[J].中学数学月刊,2007(12):1-4.

[4]吴永和,李若晨,王浩楠,等.基于 STEM 的大学生跨学科实践创新能力培养:以 R 语言与 3D 打印在高数应用的实证研究为例[J].现代远程教育研究,2018(5):77-85,112.

[5]李清,王晓峰.借助数学实验工具　发展学生空间观念[J].数学通报,2019,58(5):45-49.

[6]教育部考试中心.中国高考评价体系[M].北京:人民教育出版社,2020:1-10.

[7]RADLOFF J,GUZEY S.Investigating changes in preservice teachers'conceptions of STEAM education following video analysis and reflection[J].School science & mathematics,2017,117(3/4):158-167.

[8]王小栋,王璐,孙河川.从 STEM 到 STEAM:英国教育创新之路[J].比较教育研

究,2017(10):3-9.

[9]中华人民共和国教育部.中共中央、国务院印发《中国教育现代化2035》[EB/OL].(2019-02-23)[2021-10-11]. http://www.moe.gov.cn/jyb_xwfb/gzdt_gzdt/201902/t20190223_370857.html.

[10]周榕,李世.STEM教学能提高学生创造力?——基于42项实验研究的元分析[J].开放教育研究,2019,25(3):60-71.

[11]宋乃庆,高鑫,陈珊.基础教育STEAM课程改革的路径探析[J].课程·教材·教法,2019(7):27-33.

[12]罗伯特·M.卡普拉罗.基于项目的STEM学习[M].王雪华,屈梅,译.上海:上海科技教育出版社,2016:88-100.

[13]朱丽娜.STEM教育发展研究与课程实践[D].南京:东南大学,2016:19-20.

[14]杨开城,窦玲玉,李波,等.STEM教育的困境及出路[J].现代远程教育研究,2020(3):20-28.

[15]杜文彬.国外STEM教育研究的热点主题与特点探析[J].电化教育究,2018,39(11):120-128.

[16]GRUBBS M,STRIMEL G.Engineer design:the great integrator[J].Journal of STEM teacher education,2015,50(1):8.

[17]杜文彬,刘登珲.走向卓越的STEM课程开发——2017美国STEM教育峰会述评[J].开放教育研究,2018,24(2):60-68.

[18]中国教育科学研究院.中国STEM教育白皮书[R].北京:中国STEM教育白皮书,2017:12-18.

[19]王晶莹,单俊豪,郑永和,中美STEM课程案例的比较研究:知识场域、活动设计、类型与评价[J].现代远距离教育,2021,195(3):12-20.

[20]高威,袁梅,郑浩.整合视角下的STEM课程建设——以北京市中小学为例[J].基础教育,2019,16(4):13-23.

[21]时慧,李锋.新工程教育:STEM课程的视角[J].开放教育研究,2019,25(3):36-43.

[22]闫寒冰,单俊豪.美国创客教育教材分析——以"Design and Discovery"为例[J].中国电化教育,2017(5):40-46.

[23]韦斯林,柳秀峰,王祖浩.基于Rasch理论的计算机模型教学测验的设计与应用[J].中国电化教育,2014(7):139-144.

[24]王磊,黄鸣春.科学教育的新兴研究领域:学习进阶研究[J].课程·教材·教法,2014,34(1):112-118.

[25]袁中果,武迪.关于中小学STEM教育本土化的思考[J].创新人才教育,2017(3):59-62.

[26]陈忞,陈珍国.A-STEM:跨学科融合教育价值重构[J].教育发展研究,2019(6):

15-22.

[27]张屹,赵亚萍,何玲,等.基于STEM的跨学科教学设计与实践[J].现代远程教育研究,2017(6):75-84.

[28]BICER A,NAVRUZ B,CAPRARO R M,et al.STEM schools vs non-STEM schools:comparing students'mathematics growth rate on high-stakes test performance[J]. International Journal on New Trends in Education,2015,6(1):138-150.

[29]National Council of Teacher of Mathematics.Principles and standards for school mathematics[M].Reston,VA:National Council of Teacher of Mathematics,2000.

第三章 中学数学建模活动组织与实践

第一节 中学数学建模活动组织与实践策略
——以厦门地区数学建模联合研习活动为例

学校在开设 MRS 课程的同时,以激发学生兴趣和创新潜质为导向,构建中学数学建模综合活动平台(表 3-1-1),包括数学建模实验室、数学建模社团、校企合作(大学—中学—企业)创新实践基地等多个具体载体,汇集教学、实验、交流、竞赛与成果展示等多样化功能,让学生在社团活动中交流合作,在实验室探究实践,在实践基地应用创新,从而满足不同层次、不同阶段、不同特点学生的学习需求,形成校企协同育人新模式.例如,学校与伞具生产企业建立校企合作创新实践基地,组织数学建模社团的学生到企业开展社会实践活动.学生在企业亲身体验伞具的组装流程,与企业工程师交流多功能雨伞的创意设计,包括伞巢优化、太阳能风扇、储电充电、紫外线监测、实时定位等,融合数学、物理、信息、工程等学科知识开展综合建模活动,并在企业的帮助下将研究成果转化为产品.

表 3-1-1 数学建模综合活动平台

序号	活动平台	平台简介
1	数学建模实验室	数学建模实验室是集教学、实验、比赛于一体的综合实验室,为学生提供数学实验设备、计算机及其软件、比赛专用教室
2	数学建模社团	由学生自发组织数学建模社团,每周三进行社团活动.聘请高校教授、企业工程师开设数学建模和科技创新讲座

续表

序号	活动平台	平台简介
3	校企合作创新实践基地	与科技企业合作,建立校企合作创新实践基地,带领学生到企业开展数学建模实践教学和生涯规划教育,让学生的奇思妙想在企业的帮助下转化成创新成果
4	京师数学建模教育实践基地	学校作为北京师范大学"京师数学建模教育实践基地",共享北师大优质数学建模教育资源,合作开展大中学共育人才工作

在此基础上,福建省厦门第六中学(简称"厦门六中")发起了一个区域性中学生数学建模活动——厦门地区数学建模联合研习活动.该活动始于2020年,活动面向不同层次的全体学生开设数学建模线上研习课程,从数学建模入门、软件应用、案例分析、论文写作等方面丰富课程内容,采用线上课程、线下答辩结合的活动形式,推动数学建模教育的普及与育人方式的改革.

一、活动目的

为了响应国家大力培养基础学科拔尖创新人才的号召,给厦门地区中学的广大师生提供交流数学思想、展示数学建模素养和创新能力的平台,引导中学生应用数学建模方法探索和解决现实世界的重要问题,增强中学生数学创新意识,体现数学建模"全民健身"理念,普及数学建模教育,探索中学数学创新人才培养的有效途径.

二、活动主题

开展数学建模活动,推进数学创新教育.

三、组织单位

主办:厦门市教育科学研究院.
承办:福建省厦门第六中学、福建省学习科学学会STEAM教研中心.

四、活动形式

依托福建省 2020 年教学成果一等奖数学建模项目获奖单位——福建省厦门第六中学,以"腾讯会议"平台向厦门地区师生开放数学建模校本课程,开展数学建模联合研习活动.

五、活动流程

以 2021 年举办的第二届厦门地区数学建模联合研习活动为例,具体流程安排如下:

◆研习课程:9 月 20 日—10 月 11 日.
◆问题发布:10 月 15 日 20:30.
◆问题解决与论文撰写:10 月 15 日 20:30—10 月 19 日 20:30.
◆校内答辩:10 月 24—10 月 28 日.
◆联校答辩与交流:10 月 30 日.

(一)活动要求

(1)参加活动的学校需安排专人作为领队与联系人,负责本单位学生的相关组织工作.

(2)每个团队由 2~4 名学生和 1~2 名指导教师组成.

(3)参加活动的学校须于 10 月 28 日将入围联校答辩队伍的学生及指导教师名单、论文电子版发送到 xumm_sec@126.com,并自备答辩 PPT(现场答辩需自备论文打印稿 10 份).

(二)研习课程

(1)课程安排:问题发布前,主办方将提供线上研习课程,给学生提供问题解决的指引,以及提供论文写作要求,主要内容包括数学建模入门、案例分析、论文撰写、建模软件简介及数学建模竞赛指导等安排相关内容,见表 3-1-2.

表 3-1-2 研习课程安排

序　号	时　间	主讲人	内　容
1	9 月 22 日(周三)19:00—20:30	蓝华彬	数学建模入门

续表

序 号	时 间	主讲人	内 容
2	9月23日(周四)19:00—20:30	邹玲平	数学建模软件简介
3	9月27日(周一)19:00—20:30	苏圣奎	数学建模论文写作
4	10月8日(周五)19:00—20:30	缪琳	数学建模案例分析
5	10月11日(周一)19:00—20:30	陈清华	数学建模高阶讲座

(2)组织管理:厦门六中数学建模教学团队邀请福建师范大学数学与统计学院陈清华教授和上海市虹口实验学校缪琳老师联合向学生开设研习课程,通过线上直播方式同步向参加活动学校开放,参加本届研习活动的学校自行组织本校学生在线进行课程学习,落实学生数学建模小组组建、问题解决和展示答辩等相关工作.

(三)问题发布

10月15日20:30,主办方将提供若干个问题作为本次活动选题范围,供参加活动的学生自主选择.

(四)问题解决与论文撰写

10月15日20:30到10月19日20:30期间,各队最终提交一份符合要求的论文(含相关附件),论文由各校自行批阅.

(五)校内答辩

10月24—28日,各校自主安排校内各参赛队伍的作品展示与答辩工作,并从中选拔出一个队伍,参加联校决赛答辩.

六、联校答辩与交流

◆时间:2021年10月30日(周六).

◆地点:福建省厦门第六中学(若因疫情影响,将采用线上答辩方式和海报展示).

◆形式:

(1)现场问辩:

由主办方遴选后于10月29日公布入围名单,各参赛队伍抽签确定答辩顺序,每个队伍须完成两个比赛环节,即8分钟作品展示和8分钟专家问辩,由评审专家组对各参赛队伍进行综合评估,评出特等奖和特等入围奖.

(2)海报展示:

未入围现场问辩的队伍制作一份展示海报,具体要求如下:

①海报规格:尺寸高1.2米,宽0.9米,材质为KT板.

②内容要求:海报要体现出问题分析的主要思路、模型建立的过程与方法、模型的主要结论(图、表、公式)、模型的检验与敏感性分析、算法设计与程序实验、假设建立的理由与作用、参考文献及其在问题解决中的作用.

③海报评审:专家通过阅读海报,对建模团队在问题的分析思路、模型过程、主要结论、算法与程序、模型检验以及参考文献等方面进行评估,确定奖项.

七、活动过程简报

第二届厦门地区数学建模联合研习活动始于9月23日,经过"直播线上课程—发布活动赛题—各校校内答辩—联校答辩决赛"四个阶段,历时一个多月.为了帮助广大中学师生深入了解数学建模活动,普及数学建模教育,在赛题发布前,由来自厦门六中、上海市虹口实验学校的4位中学老师和福建师范大学数学与统计学院博士生导师陈清华教授共同提供线上研习课程,主要内容包括数学建模入门、案例分析、论文撰写、建模软件简介及数学建模活动指导等相关内容(图3-1-1至图3-1-4).

图3-1-1　蓝华彬老师开设数学建模入门课

图 3-1-2 邹玲平老师开设数学建模软件课

图 3-1-3 苏圣奎老师开设数学建模写作课

图 3-1-4　厦门大学吴云峰副教授开设高阶课

答辩决赛的参加队伍是经过各校校内答辩后遴选产生的,答辩队伍的数学建模论文题目涉及社会热点问题,如"三孩问题",公园设置的优化,电动汽车充电站设置以及与国家经济相挂钩的用电需求与供电等问题.各参赛团队在进行调研和数据搜集的基础上,建立数学模型对现实问题进行分析,形成问题的解决方案,撰写研究报告,在答辩现场进行限时 8 分钟的现场展示,并接受评审专家的问辩(图 3-1-5 至图 1-1-13).

图 3-1-5　厦门六中参赛选手何语轩、黄晟、吴坛、叶蓁

图 3-1-6　厦门六中参赛选手林凯晔、苏立群、赵文正

图 3-1-7　厦门六中参赛选手常笑、杨胜杰、张亦哲、赖兰昕

图 3-1-8　上海市虹口实验学校参赛选手林溪尧、乔荞、卢熠

图 3-1-9　上海市虹口实验学校参赛选手赵蕴宁、胡欣悦

图 3-1-10　上海市虹口实验学校参赛选手王宇轩、叶雯晴、顾佳怡

图 3-1-11　厦门海沧实验中学参赛选手许宸铭、夏冰冰、林雅婷、陈雅婷

图 3-1-12　厦门外国语学校湖里分校参赛选手林义捷、江楚涵、王鸿泽、吴志斌

图 3-1-13　北京师范大学厦门海沧附属学校参赛选手余楷卓、黄建斌

在成果展示和专家问辩过程中,各校选手表现出了不俗的语言表达、逻辑思辨和数学应用创新能力,得到评委们的认可与赞赏.同时,评委老师们也指

出各团队需要改进和完善的地方,希望选手们再接再厉,在数学创新和数学应用的道路上不断探索,砥砺奋进,争当促进社会发展和国家进步的综合型创新人才(图 3-1-14 至图 3-1-18).

图 3-1-14　厦门教科院教研员陈智猛老师与参赛选手进行问辩

图 3-1-15　厦门双十中学特级教师、正高级教师赵祥枝老师与参赛选手进行问辩

图 3-1-16　厦门双十中学高级教师白福宗老师与参赛选手进行问辩

图 3-1-17　海沧区教师进修学校教研员韩耀辉老师与参赛选手进行问辩

图 3-1-18　厦门六中高级教师邱锦泉老师与参赛选手进行问辩

本届研习活动共有 45 支队伍参加,其中厦门有 23 支队伍、上海有 22 支队伍(图 3-1-19 至图 3-1-20).为了给未进入答辩决赛的队伍提供一个展示建模作品的机会,本届活动增加了海报评审环节,由参赛队伍制作一张展示海报,展示出团队对问题分析的主要思路、模型建立的过程与方法、研究的主要结论、模型的应用检验与敏感性分析等信息,专家通过阅读海报进行评审,确定参赛队伍的获奖等级(图 3-1-21 和图 3-1-22).

图 3-1-19　厦沪两地全体参赛师生合影

图 3-1-20　厦门地区参赛师生合影

图 3-1-21　数学建模作品以海报形式展示

图 3-1-22　部分参赛作品海报

厦门地区数学建模联合研习活动依托厦门市教科院强大的教研力量和厦门六中数学建模优质教学资源,为广大中学生提供交流数学思想、展示数学建模素养和创新能力的平台,引导学生运用数学建模方法解决现实世界的重要问题,推进中学育人方式改革,探索中学数学创新人才培养的有效途径,促进中学数学创新教育不断向前发展.

第二节　中学生数学建模竞赛及指导

学生经过"数模三阶课程"的学习和"数学建模综合活动平台"的磨炼,体验了数学建模活动的全过程,积累了一定的活动经验,初步具备独立解决问题的能力,能在更大的交流平台进行交流和展示,检验数学建模教学活动的成效.近六年来,厦门六中组织学生参加各类数学建模和科技创新比赛,包括国际数学建模挑战赛(IMMC)、全国青少年科技创新大赛、上海地区数学建模联校活动、福建省"互联网+"大学生创新创业大赛萌芽版块等比赛,获得国家级奖项 23 项,省、市级奖项 156 项,连续三年入围国际数学建模挑战赛(IMMC)答辩决赛,并获得特等奖,学校获评"IMMC 先进共建奖".

数学建模竞赛以实际问题为载体,将数学建模、数学知识、数学软件和计算机应用有机结合,对于培养学生发现问题、提出问题、分析问题和应用数学知识、借助数学软件解决实际问题的能力具有重要作用,将推动并落实数学建模作为数学核心素养的培养模式,促进中学与大学数学教育的衔接.

数学建模和科技创新比赛都是以提交研究论文作为参赛的基本条件,参赛队伍可根据实际情况,提交程序算法、实物模型、软件模型、查新报告、专利、图片、视频等附加材料来提升项目的综合质量.以下从赛事简介、备赛和参赛三个方面进行简要介绍.

一、赛事简介,全面了解

从 20 世纪"数学建模"的概念进入国内后,国内高校掀起"建模热",随后迅速向中学蔓延.例如,1991 年上海市举办了"金桥杯"中学数学知识应用竞赛;1993 年北京市举办了首届"方正杯"中学生数学知识应用竞赛,直到近年来的"登峰杯"(2015—2017 年)全国中学生学术科技创新大赛、IMMC 国际数学建模挑战赛、高中数学建模(应用)能力展示活动等与中学生数学建模相关赛事,数学建模活动作为培养创新人才的有效载体,已被广大数学教育工作者所认可.2018 年 9 月,教育部办公厅印发《关于面向中小学生的全国性竞赛活动管理办法(试行)》(教基厅〔2018〕9 号)之后,加上疫情影响,国内一些区域性数学建模赛事已经暂停举办,如"登峰杯"全国中学生学术科技创新大赛、"山海杯"高中生数学建模竞赛、"数创杯"中学生数学建模挑战赛等,以下就国内外一些比较典型的中学生数学建模赛事进行简介.

(一)国际数学建模挑战赛(IMMC)

国际数学建模挑战赛(IMMC 或者 IM^2C)在 2014 年创办于美国波士顿,是一项面向全球中学生的国际性新型数学建模竞赛,其创办机构是美国数学及其应用联合会(COMAP)和香港儒莲教科文机构(NeoUnion),竞赛宗旨在于鼓励参赛者应用数学建模探索和解决现实世界的重要问题,以普及数学建模教育,增强中学生数学核心素养和科技创新能力.IM^2C 既是中学生数学建模实践与历练的舞台,也是参赛中学的数学与 STEM 科技创新教育成果展示与交流的园地.

中华国际数学建模挑战赛委员会是获主办机构授权的学术非牟利机构（香港特别行政区政府批准公共慈善机构代码 91/14657），专门负责 IM²C 在中华区的命题、评审与选拔等学术工作。学术顾问委员会及专家组由中华各地区知名高校与科研机构学者专家以及全球华人知名学者组成，兼顾本地性与国际性，共同为中华区中学师生营建一个普惠与共享的 STEM 学习交流平台。

IM²C 是一项面向全球中学生的国际性新型数学建模竞赛，竞赛宗旨在于鼓励参赛者应用数学建模，探索和解决现实世界的重要问题，以普及数学建模教育，增强中学生科技创新核心素养与关键能力。IM²C 既是中学生数学建模与 STEM 实践历练的舞台，也是参赛中学的数学暨 STEM 教育成果展示与交流的园地。IM²C 充分体现 STEM 教育所提倡的数学与科技、工程的学科交叉，数学与社会生产生活的应用结合。香港儒莲教科文机构联合国际电气与电子工程师学会（Institute of Electrical and Electronics Engineers，IEEE）亚太区、香港工业与应用数学学会，共同主办 IM²C 2020 中华区域赛事。命题与评审委员会由来自 IM²C 和 IEEE 的专家教授共同组成，他们的学科与专业涵盖数学、科技和工程的不同领域。

1. IMMC 赛制

为适应中华区校历的地区多样性，中华区域赛分为秋季和冬季两个赛季，参赛团队可自由选择参加其中一季或两季竞赛，以最佳成绩参加中华区年度总评选及晋级国际赛。

IMMC 鼓励学科交叉与综合创新，提倡团队成员发挥多元优势，提倡指导教师来自包括数学在内的 STEM 跨学科背景。国际数学建模挑战赛每支参赛团队须由来自同一所中学的 2~4 名同学组成，且须有来自该校的至少 1 位教师担任指导教师。来自世界各地的参赛团队经过国家/区域赛的选拔，进入国际赛程；在国家/区域与国际层面，皆有机会获取各级奖项。中华区域赛参赛团队可自行选择以"命题论文"参赛，亦可选择以"自主选题论文"参赛。"命题论文"须在连续的 96 小时之内完成并提交，"自主选题论文"不限开始时间，唯须在赛季截止时间前提交。根据中华专家组的命题，在连续的 96 小时内，完成并提交一篇数学建模论文；选择以"自主选题"（必须是现实世界问题）方式参赛，则自主决定论文工作的开始时间和进度，但必须在中华区秋季赛或冬季赛截止时间之前完成并提交一篇自主选题的数学建模论文。在随后的专家评审中，命题论文与自主选题论文将分开评审，两类论文中成绩进入首 20% 的团队，将自动获得晋级国际赛程的机会。国际赛程的参赛团队须在规定的时间之内,就IMMC国际专家组命制的问题,完成并提交一篇数学建模论文.

2.答辩决赛

入围中华区域赛程答辩决赛与国际赛程答辩决赛的团队将获得主办机构的邀请,于规定时间到达香港(疫情期间采用线上方式),做论文演示与答辩.大评审团将分别对中华区域赛程与国际赛程的决赛团队进行评审.IMMC中华委员会还将从进入国际赛程论文答辩的队伍中,各评选两篇最佳论文(中华区共八篇),推举进入国际评审(其他参赛国或地区亦各遴选两篇最佳论文进入国际评审).

3.评奖与颁奖

中华区各参赛团队将有机会以中华赛论文或国际赛论文的评审结果,获取中华区各级奖项.每支参赛团队的获奖机会都将是平等的.中华赛命题论文、自选题论文与国际赛论文将分类评奖,各参赛团队无论是凭中华赛命题论文,或者自选题论文,还是国际赛题论文,都将有机会去竞争中华区域各大奖项(包括特等奖、特等入围奖、一等奖、二等奖和成功参赛奖).[1]

(二)全国青少年科技创新大赛

全国青少年科技创新大赛是由中国科协、自然科学基金委、共青团中央、全国妇联共同主办的一项全国性的青少年科技竞赛活动.大赛具有广泛的活动基础,从基层学校到全国大赛,每年约有1000万名青少年参加不同层次的活动,经过选拔,500多名的青少年科技爱好者、200名科技辅导员相聚一起进行竞赛、展示和交流活动.全国青少年科技创新大赛不仅是国内青少年科技爱好者的一项重要赛事,而且已与国际上许多青少年科技竞赛活动建立了联系,每年都从大赛中选拔出优秀的科学研究项目参加国际科学与工程大奖赛(International Science Engineering Fair,ISEF)、欧盟青少年科学家竞赛等国际青少年科技竞赛活动.

1.申报

(1)申报者和申报作品要求

①参赛学生须为国内在校中小学生(包括普通中小学、中等职业学校、特殊教育学校、国际学校).每个参赛学生(包括集体作品的学生)在一届大赛中,只能申报一个作品参加科技创新成果竞赛.

②参加全国竞赛学生须由省级组织单位在省赛获奖学生中按规定名额择优推荐,须符合全国竞赛规则和各项申报要求.

③参赛者须承担申报作品全部或主体研究工作.小学生作品选题原则上

需与日常生活相关.

④参赛作品须在终评活动当年 7 月 1 日前两年内完成.

⑤集体作品要求：

（ⅰ）集体作品的申报者不得超过 3 人，并且必须是同一地区（指同一城市或县域）、同一学段（小学、初中、高中或中专）的学生合作作品.

（ⅱ）集体作品不能在研究过程及参赛中途加入新成员.每名成员都须全面参与、熟悉作品各项工作，合作、分担研究任务，提交的研究成果应为所有成员共同完成.

（ⅲ）集体作品在申报时，所有成员的信息资料均应在申报表中填写，并在研究报告中说明每名成员的分工和完成的主要任务.

（ⅳ）同一竞赛周期内，集体作品和个人作品不能进行相互转换.

⑥作品分类：按照创意来源和专业程度，参赛作品分为 A、B 两类，A 类作品指选题专业性较强，且需具备较为深厚的专业基础，并在专业实验室或专业机构完成的作品；B 类作品指选题源于日常生活，能够为经济社会发展或社会生活带来便利的小发明、小制作、小论文等.小学生原则上只能申报 B 类作品，如申报 A 类作品，将按中学生评审标准参赛.

⑦参加过往届创新大赛的作品，如再次以同一选题参赛，须以新的研究成果申报且研究时间持续一年以上.

⑧每项参赛作品可有 1～3 名指导教师，对学生开展研究给予辅助性指导.指导教师应了解并遵守竞赛规则，在申报时签署诚信承诺书，对学生参赛作品的真实性、研究过程的科学性及学生遵守科技实践活动行为规范的情况负责.如指导教师与参赛学生有亲属关系，应在申报时如实填写.

⑨参赛学生开展涉及脊椎动物实验或有潜在危险的病原体、生物制剂、化学制剂、有毒有害物质、放射性原材料等相关研究，须符合相关实验操作规程，并在专业人员指导下完成.

⑩参赛学生在开展研究的各阶段应自觉遵守科学研究的道德规范和行为准则，尊重他人知识产权.参赛作品应反映申报者本人的研究工作，对于指导教师或他人协助完成的内容要进行明确说明.

（2）不接受的申报：

①作品内容或研究过程违反国家法律、法规和社会公德或者妨害公共利益.

②研究内容不利于中小学生心理或生理健康发展.

③作品存在抄袭、成人代做或侵犯他人知识产权等学术不端问题.

④小学生作品出现伤害或处死实验动物,涉及有风险的动物、植物、微生物、病原体、离体组织、器官、血液、体液,以及有毒有害的生物制剂、化学制剂、放射性原材料等物质的相关研究.

⑤中学生作品涉及脊椎动物实验或有潜在危险的病原体、生物制剂、化学制剂、有毒有害物质、放射性原材料等相关研究,不符合相关实验操作规程,未在专业人员指导下完成.

⑥其他不符合申报作品要求(参见申报者和申报作品要求)的作品.

(3)学科分类:

①小学生作品:

(ⅰ)物质科学:研究、发现生活中的物质及其运动、变化的规律.

(ⅱ)生命科学:观察、研究自然界的生命现象、特征和发生、发展规律,各种生物之间及生物与环境之间相互关系.

(ⅲ)地球环境与宇宙科学:研究地球与宇宙中有关现象,人类与地球环境、地球与宇宙的关系等.

(ⅳ)技术:将科学、技术应用于日常生活,综合设计或开发制作以解决实际问题.

(ⅴ)行为与社会科学:通过观察、实验和调查的方法研究人或动物的行为与反应,人类社会中的个人之间、个人与社会之间的关系.

②中学生作品:

(ⅰ)数学:代数、几何、概率、统计等数学领域的基础研究和相关应用.

(ⅱ)物理与天文学:力学、电磁学、光学、热学等物理学科及天文学科相关领域的研究和应用.

(ⅲ)化学:无机化学、有机化学、物理化学、分析化学等相关领域的研究和应用.

(ⅳ)生命科学:动物学、植物学等生命科学相关领域的实验研究或理论分析.

(ⅴ)计算机科学与信息技术:与计算机科学与技术相关的理论研究和技术探索.

(ⅵ)工程学:机械、电路等工程技术领域相关研究和应用.

(ⅶ)环境科学:水土保护、气候变化、生态保护等环境学科相关领域的研究和应用.

(ⅷ)行为和社会科学:针对特定社会现象、事件或问题开展的调查和研究.

(4)申报材料:

①申报书:完整填写当届大赛申报书.

②查新报告:每名申报者应在作品研究开始前和申报参赛前对作品选题和研究内容进行查新检索,并至少提交一份真实、规范的查新报告.

③研究报告:研究报告应包括标题、摘要、关键词、正文(包括研究背景、研究目的、研究内容、研究方法、实验过程和结果、分析和讨论、研究结论等)及参考文献.研究报告中凡引用他人已公开发表的研究方法、数据、观点、结论或成果等,必须规范引用,并在参考文献中列出;凡涉及他人协助完成的研究工作内容和相关成果,必须明确说明.

④作品附件:附件中须提交完整、真实的原始实验记录、研究日志等相关材料,用于证明学生的研究过程和对主要创新点的贡献.附件可适量提交研究作品相关的辅助图片,如作品中有实物模型,则需提交时长不超过一分钟的视频资料,用于证明和演示实物模型的功能和创新点.入围终评的作品,必须同时在终评问辩现场向评委提供所有原始实验记录、研究日志等相关材料,并现场展示研究报告中提到的主要创新点.

⑤诚信承诺书:参赛学生、指导教师须签订科研诚信承诺书,承诺研究过程和成果取得符合科研诚信和学术规范,并分别在指定位置签字确认,加盖所在学校公章.

⑥证明材料:作品涉及下列内容的还须提供有关部门的证明材料.

(ⅰ)依托专业研究机构或实验室开展研究的,需在实验开始前获得该机构或实验室主管部门/单位的许可,并在申报时提供确认或批准依据.

(ⅱ)医疗保健用品,由省级以上相关医疗科研部门开具临床使用鉴定.

(ⅲ)动物、植物新品种,由省级以上农科部门开具证明,证明确为培育和发现的新品种.

(ⅳ)国家保护的动、植物,由省级以上林业等管理部门开具证明,证明作品在研究过程没有对动、植物造成损害.

2.评审

(1)评审标准:

评审重点考查参赛学生的科研潜质和创新素养.组委会将组织全国高等院校、科研院所的学科专家组成评审委员会,按以下维度评审.

①科研潜质:参赛学生对科学具有浓厚的兴趣,对本人研究的成果具有强烈的分享意愿,具有一定的科学素养和严谨的科学态度;学生对于科学研究工作的基本规律和方法有一定理解,基础科学理论和知识掌握扎实、运用准确.

②作品选题:作品选题符合青少年认知能力和成长特点,研究方法和研究技术合理可行,实验材料和仪器设备能够合规获取和使用.

③作品水平:

(ⅰ)创新性:作品的立意、提出的观点以及研究的方法等方面有新意、有创见,分析问题、实验设计、技术路线、数据处理方法独特.

(ⅱ)科学性:作品符合客观科学规律,立论明确,论据充分;研究方法和技术方案合理.

(ⅲ)完整性:作品已取得阶段性研究成果;有足够的科学研究工作量(调查、实验、制作、求证等);原始实验数据和研究日志等记录规范、资料齐全,研究和分析数据充分,有说服力.

(ⅳ)实用性:作品成果能够进行实际应用,能够对经济社会发展或生产生活产生积极影响.

④研究过程:学生具备开展研究的基本素质和能力;能够理解作品相关的基本科学原理和概念,掌握或了解涉及的研究方法和关键技术.学生是作品创新点提出、实施和验证的主要贡献者,对研究核心问题的理解和回答清晰准确;能够意识到研究的不足之处和局限性.

⑤现场表现:学生现场问答逻辑清晰、语言得当;作品展示结构合理、条理清晰;展板内容齐全,设计新颖别致,有一定制作工作量;展示资料齐全,作品展示效果好.

⑥小学生作品重点考查:作品选题是否符合选手年龄段的思维方式、知识结构和实施能力;对于调查、实验、制作、求证等科学探究方法的应用;搜集和获取证据、整理信息、分析数据、得出结论的能力;作品是否有阶段性研究成果.

⑦集体作品考查团队合作情况,团队成员分工合理,每个成员均对作品的完成有实质贡献;作品成果是所有成员共同努力的结果.

(2)评审程序:

①资格审查:包括形式审查和学术审查两部分.

(ⅰ)形式审查:如发现申报材料存在问题或缺失,申报者可在组委会规定的修改时间内对申报材料进行修改和补充.

(ⅱ)学术审查:如发现参赛者存在违反科研诚信和行为规范问题,经全国大赛科学道德和伦理审查委员会审议通过,取消相关人员参赛资格.

②初评:通过资格审查的作品进入初评.初评为网络评审,由全国评审委员会负责.初评阶段评选约80%青少年参赛作品入围终评.

③终评:

(ⅰ)等级奖评审程序和命题原则:

大赛组委会选聘高等院校、科研院所的学科专家组成终评评审委员会,以多环节、多元化命题评价方式对参赛学生进行综合评价,并按照 A、B 类分别评选产生大赛各奖项.

终评评审主要包括基于量表或任务的科研潜质测评、基于多对多交流的综合素质考查和基于参赛作品问辩的创新素养考查三个环节.

入围终评的作品须申报者本人参加终评评审活动,如未参加终评将视为自动放弃参赛资格,由此产生的名额空缺不予递补.

(ⅱ)专项奖评审:由设奖单位评选,专项奖评审原则不得与大赛评审原则相悖.

3.终评展示和交流活动

(1)参赛学生需参加大赛终评展示期间组织的公开展示、公众讲解和学生交流等活动.

(2)作品展示按学科分区,由组委会提供展区的基本展板、展台、电源和简单工具.

(3)参赛学生负责展示材料的设计制作、安装布设和保管维护;涉及实物的研究作品,须带到现场展示.

(4)每个作品应制作展板一块(高 1.2 米、宽 0.9 米).参展实物宽不超过 1.5 米,高不超过 2 米,质量不超过 100 千克.作品展示材料中不能有易燃、易爆危险品和管制刀具.展品用电电压不得超过 220 伏.

(5)作品的展示材料中不得出现指导教师姓名、专家评价、媒体报道材料、以往获奖情况、正在申请或已获得专利情况等信息,不得出现涉嫌侵犯知识产权和个人隐私权的内容.

(6)作品布展完毕后需要接受组委会的检查,包括展板、展品、展示内容,检查合格才能进入评审程序.

4.表彰奖励

青少年科技创新成果奖项分等级奖和专项奖.入围终评作品的等级奖获奖比例约为 80%,其中,一等奖 15%、二等奖 35%、三等奖 50%,按照参赛作品分类颁发证书和奖牌,由主办单位进行表彰.专项奖由设奖单位进行表彰,颁发证书、奖金或奖品等.

5.监督和违规处理

(1)大赛设立评审监督委员会,由专家和主办单位代表组成,对竞赛评审工作进行监督,对涉嫌违规问题进行核查.

(2)大赛设立科学道德和伦理审查委员会,由科研机构学科专家、教育专家和一线教育工作者组成,对申报作品研究过程是否遵守科学道德和研究规范等进行审查,经审查,存在学术不端或违规情况的作品将取消参赛或获奖资格.

(3)申报、审查和初评阶段,如出现对参赛作品的投诉且经调查发现参赛作品存在抄袭、研究工作作弊、违反科研规范等问题,将取消作者参赛资格.

(4)终评阶段,如发现参赛作品存在抄袭、研究工作作弊等违反规则情况,将取消作者获奖资格;如终评评奖比例内,作品实际水平或作者答辩情况不符合获奖标准,经评审委员会表决,可不授予竞赛奖项.

(5)入围终评和获奖作品名单在竞赛网站进行公示,任何单位或个人如有异议,可向组委会秘书处进行实名投诉,并提供相关证据及联系方式.组委会将组织开展调查,并按照《章程》规定对相关部门和个人进行处理.[2]

(三)美国高中生数学建模竞赛

美国高中生数学建模竞赛(High School Mathematical Contest in Modeling,HiMCM)是美国数学及应用联合会(COMAP)主办的一项国际性的数学竞赛活动.竞赛始于1999年,该项赛事得到了美国国家科学基金会(National Science Foundation,NSF)、运筹和管理科学研究所(Institute for Operations Research and the Management Sciences,INFORMS)、美国数学协会(Mathematical Association of America,MAA)和美国全国数学教师委员会(National Council of Teachers of Mathematics,NCTM)的资助.

HiMCM有别于普通的数学竞赛,面向9至12年级高中生,是一场全程以团队为单位的比赛.此外,它对学生解决实际问题的能力、编程能力、团队合作以及文书写作等综合能力有比较大的考验,而其中难度最大的点在于学生在数学思维上的灵活应用.[3]

1.HiMCM赛制

(1)比赛时长:13天内完成一篇论文.

(2)比赛地点:团队可以选择所在地的任意地点.

(3)比赛形式:由1~4名学生组成参赛队伍,并配一名指导教师.

(4)比赛题量:1题,从Problem A和Problem B中任选一道进行答题.

(5)比赛题型:来源实际生活场景的问答,用一定的数学模型解答后,形成一篇论文提交.

2.参赛准备

(1)组建参赛队伍:找 2~3 名合拍、能力互补的队友.因为建模是一个系统性工作,整个团队需要具备建模、编程、写论文的能力,特别是写论文,最后呈现的是一篇全英文的科技论文,对高中生的要求是比较高的.注意:HiMCM 官方文件要求一支队伍的所有成员来自同一所学校,因为在奖状上会写明学校.

(2)知识技能储备:

①掌握数学模型的基本知识、常见的经典模型及算法.

②熟悉操作各种计算工具软件和代码,如 Matlab、SPSS 等.

③掌握信息检索、数据查找的技能,会上网找论文.

④数学写作软件的编辑和排版、公式编辑器的使用等,至少会用 Word 写数学公式以及简单的排版.

⑤文书写作:优秀论文阅读,英语学术论文写作练习.

3.奖项设置

(1)Outstanding(优胜奖 1%).

(2)Finalist(优胜提名奖 7%).

(3)Meritorious(优异奖 13%).

(4)Honorable Mention(优秀奖 31%).

(5)Successful Participant(成功参赛 47%).

(四)"互联网+"大学生创新创业大赛萌芽版块

第五届中国"互联网+"大学生创新创业大赛增设萌芽版块,旨在探索基础教育阶段创新创业教育的新模式,引导中学生开展科技创新、发明创造、社会实践等创新性实践活动,培养创新精神、激发创新思维、享受创造乐趣、提升创新能力.

1.团队构成

普通高级中学在校学生可组队报名参赛,鼓励学生以团队为单位参加,允许跨校组建团队.

2.项目要求

项目或作品应紧密结合学习、生活和社会实践,能创造性地解决问题或提供解决思路,具有可预见的应用性与成长性,可以是各类中学生赛事获奖项目或作品(数学建模作品作为应用数学方法解决现实问题的创新成果可参加比赛).

参赛项目须真实、健康、合法,无任何不良信息,不得借用他人项目参赛.项目立意应弘扬正能量,践行社会主义核心价值观.参赛项目不得侵犯他人知识产权;所涉及的发明创造、专利技术、资源等必须拥有清晰合法的知识产权或物权;抄袭、盗用、提供虚假材料或违反相关法律法规一经发现即刻丧失参赛相关权利.[4]

3.提交材料

(1)项目说明书.内容须包括:项目概述、产品或服务介绍和设计理念、制作或调研过程、团队成员及分工、支撑材料(相关专利证书等),文件大小不超过20 M.

(2)项目海报.自主设计制作项目海报,海报尺寸为60 cm×80 cm,像素150 dpi,文件格式为JPG,色彩模式为RGB,文件大小不超过20 M.

(3)项目PPT或视频.根据项目实际,选择提交PPT或项目视频(不超过1 min,MP4格式,大小不超过20 M).

(五)丘成桐中学科学奖

数学大师丘成桐先生坚持并倡导"培养和发现人才应从中学开始"的教育理念,将国际化竞赛的组织、选拔模式引入中国,自2008年开始设立丘成桐中学数学奖.它区别于普通科学竞赛:面向全球中学生,倡导创新思维和团队合作,舍弃试卷和标准答案,让学生以提交研究报告的形式参与竞赛,旨在推进中学科学发展,激发和提升全球华人中学生对科学研究的兴趣和创新能力.

丘成桐中学科学奖从14年前单纯的数学奖,发展到今天数学奖和物理奖、化学奖、生物奖、计算机奖和经济金融建模奖并重的知名中学生科技奖项,正在用自己的力量推动中国青少年科学研究事业的发展,帮助那些有才华、有热情的青少年探索科学奥秘.

1.奖项设置

数学、物理、化学、生物、计算机、经济金融建模奖均设置金奖1个、银奖1个、铜奖3个、优胜奖5个,奖金分别为金奖5万元/队、银奖3万元/队、铜奖1万元/队、优胜奖0.5万元/队,并为获奖团队颁发奖杯和证书.

另设置跨学科奖项——科学金奖1个,奖金5万元.

每年奖项的实际授予数量由国际评审委员会参照以上奖项设置,以本年度参赛作品质量和学生答辩表现综合评判协商确定.

2.历年发展

2008年,丘成桐中学数学奖设立.

2013年,丘成桐中学物理奖启动.

2016年,生物奖、化学奖启动,并设立跨学科综合奖项,科学金奖.

2017年,计算机奖启动.

2018年,设立经济金融建模奖.

历经十余年,丘成桐中学科学奖已形成以科学为总体框架,以数学、物理、化学、生物、计算机、经济金融建模六大学科为基础的中学生科研创新能力培养模式.累计1800余所学校、9000余支队伍参加比赛,覆盖国内30个省市自治区和北美、新加坡等多个海外地区,共350余个学生团队的近600人受到奖励.300余位来自全球的科学家担任评委或顾问.超过1/2的获奖中学生经推荐分别进入清华、北大、哈佛、MIT、耶鲁和普林斯顿等中外知名大学就读,其中不乏进入理想大学后依然坚持学术研究的科研人才.[5]

(六)高中数学建模(应用)能力展示活动

为了进一步贯彻和落实党中央关于坚持深化教育改革创新,把立德树人融入学科体系教学活动中去,以全面切实提高学生数学核心素养为目的,北京师范大学数学科学学院数学建模教育中心举办高中数学建模(应用)能力展示活动.值得一提的是,该中心还举办了北京地区数学建模联校活动.

1.活动形式

活动分为两个阶段:

第一阶段,以闭卷测试形式,检测数学建模(应用)能力.

第二阶段,开展数学建模论文评比与答辩.

2.活动说明

(1)数学建模(应用)能力测试的试题来自生活、社会、自然中的问题,试题将体现开放性、创新性和时代性;解决问题用得到的数学知识和素养水平;依据高中数学课程标准的要求,同时也给优秀学生提供发挥能力的空间.

(2)数学建模论文要求学生自选问题,按照高中数学课程标准对数学建模的要求,解决问题,撰写论文,论文作者人数不超过3人,论文字数以3000字左右为宜,可增设附录.真实性、科学性、创新性等是评选优秀论文的主要标准.

3.奖项设置

活动分别设置数学建模(应用)能力测试和数学建模论文一等奖、二等奖、三等奖及优秀团体奖、指导教师奖等奖项.

(七)上海地区数学建模联校活动

上海地区数学建模联校活动依托国家基础教育成果奖数学建模获奖团队——上海市实验学校开展面向初、高中在校学生(7至12年级)全体学生的数学建模活动,旨在有效实施数学建模能力的培养.

1. 活动流程

(1)报名:

在 IMMC 官网(www.immchallenge.org.cn 或 www.istem.info)的上海地区联校数学建模活动页面进行报名,获得一个控制号,每个参赛团队由 2~4 名学生和 1~2 名指导教师组成.

(2)问题提出:

问题以 PDF 格式在 IMMC 官网提交(在论文模块上传).

要求:贴近生活,适合中学生,提出问题的质量将作为评审的参考,格式参考 IMMC 或相关数学建模竞赛问题,给出一个完整的问题.

(3)问题修改与发布:

主办方将对同学们提出的问题进行修改完善,结合筹委会自身提供的问题选出 6 个题目作为本次活动选题范围,在本次活动主页上提供给大家选择.

(4)问题解决与论文撰写:

活动主办方将根据进程给参赛团队提供问题解决和论文撰写方面的指引,包括以下几个方面:怎样读题与破题、怎样构建解决问题的主要框架与合理假设、怎样建立基本模型与算法、怎样撰写一篇合格的论文、怎样撰写一篇合格的摘要.

(5)海报制作与答辩准备:

①各参加活动的队伍都可以准备海报制作工作,活动方欢迎同学们带自己的作品来现场参加活动.

②各参与活动的队伍都需要在网上(问卷形式)进行自己论文的自评工作,自评将作为最终评审的参考.

③进入前 60 强的队伍都需要到现场进行海报评审,参与现场活动的同学和老师给海报展示项目进行投票.

④前 20 强选手将需要现场答辩,答辩要求将发送到各组的邮箱.

(6)现场答辩与交流(在线形式作为备选):

邀请专业评委对现场答辩的队伍进行评审,参与现场活动的队员都可以进入答辩现场,感受评委与高水平队伍之间的思维碰撞.

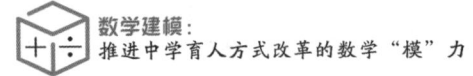

2.教学研讨与交流

主办方在活动期间组织指导教师进行研讨,探寻在不同年段开展数学建模教学与指导的基点与难点,尝试破解全体学生数学建模教学工作的密码.[6]

二、"软硬"兼施,备战赛事

(一)"硬件"方面

"硬件"方面要为学生提供比赛的专用时间、空间和硬件设备.一是时间管理.数学建模比赛从赛题公布到提交参赛论文是有时间限定的,一般为3～4天.科学分配比赛时间是成功提交参赛论文的关键,指导教师协调好学生日常学习和参赛的关系,为学生提供连续的专用比赛时间.二是场地设备.数学建模比赛一般在专用的计算机教室或者数学建模实验室里进行,学生利用计算机进行编程、计算、文档编辑,并使用相关的实验设备采集数据、模拟实验、检验结论等.

(二)"软件"方面

"软件"方面要为学生提供文献与数据查询、小组分工、学术规范等方面的指导.一是文献与数据查询指导.指导教师通过对中国知网、国家统计局等专业文献网站的介绍,使学生了解获取文献和数据的主要渠道,明确相关领域的研究现状,开展具有创新价值的研究.二是小组分工指导.数学建模团队一般由2～4人组成,各成员要在问题情境解读、建模解模、软件应用、论文撰写、交流展示等多个环节进行分工,发挥每个成员的特长优势,相互协作,形成团队合力.三是学术规范指导.指导教师通过对优秀数学建模论文的评析,使学生明确写作框架和学术规范.

三、重视细节,科学参赛

数学建模竞赛一般分为两个阶段:

第一阶段是网络比赛阶段.赛事主办方发布赛题,参赛队伍根据比赛要求完成相关任务,并在规定时间内通过网络平台提交参赛论文.这个阶段指导教师要引导学生制订、落实比赛计划,包括时间分配、成员分工、阶段目标、论文修订、提交等,督促学生能在关键时间节点完成既定任务.此外,还需留出足够的时间进行论文修订和完善,如摘要的提炼、字体字号的统一、参考文献的规范标注、文档的排版和美化等.

　　第二阶段是答辩决赛阶段.经过专家评审,部分网络比赛阶段的优秀作品入围答辩决赛,入围的参赛队伍到答辩决赛举办地现场以演讲的形式展示参赛作品,并接受专家团队的问辩,专家团队再根据参赛队伍的表现进行评审,确定参赛队伍的比赛成绩.这个阶段要组织学生开展正式问辩前的模拟问辩,引导学生充分掌握参赛作品中各细节的前因后果,运用简洁精炼、富有逻辑性的演示文稿和语言表述参赛作品的科学性、实用性、创新性和可推广性,并制作能体现问题本质特征和优点的软件模型或实物模型辅助讲解.在此基础上,关注项目研究的优点、创新点和不足,客观、灵活地回应专家提出的问题,做到有理有据,能自圆其说.

参考文献

[1] IMMC Committee.IM^{2}C 2022 竞赛指引与规划[EB/OL].(2021-09-13)[2022-01-15].http://istem.info/web/news.php?id=33.

[2] 全国青少年科技创新活动服务平台.青少年科技创新成果竞赛规则(2021年)[EB/OL].(2021-10-25)[2022-01-15].https://castic.cyscc.org/introDetail/subject.aspx?type=1.

[3] 翰林国际教育.美国高中生数学建模竞赛(HIMCM)[EB/OL].(2022-01-08)[2022-01-15].https://www.linstitute.net/archives/156875.

[4] 全国大学生创业服务网.第五届中国"互联网+"大学生创新创业大赛萌芽版块参赛指南[EB/OL].(2019-08-01)[2022-01-15].https://cy.ncss.cn/information/8a80808d6c425008016c4c6a0ccc007c.

[5] 丘成桐中学科学奖.奖项介绍[EB/OL].(2020-05-06)[2022-01-15].http://yau-awards.com/page-sponsor.html.

[6] IMMC Activity.首届上海地区部分中学联合数学建模活动[EB/OL].(2019-03-05)[2022-01-15].https://istem.info/web/news_detail.php?id=154.

第四章
中学生数学建模素养评价研究

《中国教育现代化 2035》提出加强创新人才,特别是拔尖创新人才的培养,加大应用型、复合型、技术技能型人才培养比重[1],明确了我国创新人才的培养方向.从创新思维形成与发展的规律来看,创新人才的培养并非高等教育的"专利",更应从基础教育抓起,从基础学科抓起.数学作为自然科学的基础,也是重大科技创新的基础,在经济发展和科技竞争中发挥着关键作用,加强数学创新人才培养的迫切性已成为国家和社会的共识.高中阶段作为引导学生树立远大志向、开发创新思维和培养专业志趣的黄金时期,构建高中数学创新人才培养体系将为国家深入实施科教兴国战略、人才强国战略和创新驱动发展战略播下创新的"种子".

数学建模作为联通数学世界与现实世界的桥梁,是通过抽象、数据拟合建立数学模型解决现实问题的一种数学方法.中学数学建模活动以现实问题为研究对象,借助多学科工具和信息技术手段,启发学生数学思维,挖掘创新潜质,引导学生经历问题解决的思维与实践过程.高中阶段开展数学建模教学活动,构建基于高中创新人才培养的数学建模素养评价指标体系,在推动数学建模核心素养落地的同时,为推进中学数学创新教育和高中育人方式的改革提供了有益参考.

第一节　基于创新人才培养的中学生数学建模素养评价指标体系

一、国内外数学建模素养评价现状分析

评价是教育活动的关键环节,是反馈教育教学成效的核心工具,更是教育科学研究的重要领域.自高中数学课标颁布以来,数学建模素养的评价研究受到国内教育学界的广泛关注,主要体现在三个方面:一是数学建模素养的理论研究,如徐稼红结合布鲁姆有关教学目标评价的理论及数学建模活动过程构建数学建模素养评价体系[2];二是数学建模素养的调查研究,如徐斌艳等在进行数学建模素养水平划分的基础上,通过设计测评问卷,选取国内外一定区域内的中学生开展数学建模素养水平的测评调查与分析[3];三是数学建模素养评价的实证研究,如鲁小莉等将数学建模任务细分为多个水平,构建学生数学建模素养评价框架,设计测试题在一定区域内进行测试和统计分析,并根据分析结果提出培养数学建模素养的相关策略.[4]

国外研究者们对数学建模能力评价的研究主要来自五个方向,分别是丹麦 KOM 项目提出的数学能力结构框架,英国和澳大利亚评价研究小组提出的基于建模循环过程划分建模子能力的评价框架,以布鲁姆(Blum W)和凯撒(Kaiser G)为代表的过程导向划分数学建模子能力评价框架,以加尔布雷斯(Galbraith P)、斯蒂尔曼(Stillman G)等为代表的元认知与数学建模能力整合的评价框架,以及 PISA①2015 以数学建模特征子能力及其对应的行为指标构建的数学建模评价框架.[5]值得一提的是,PISA2021 首次引入创造性思维测评,从文字表达、视觉表达、社会知识创造和问题解决、科学知识创造和问题解决四个内容维度考查学生,这对我国开展学生创造性思维现状的调查研究和培养学生的创造性思维有一定启示和借鉴意义.[6]

纵观国内外有关中学数学建模素养测评的相关研究,广大研究者和数学

---

①　PISA,英文全称 Programme for International Student Assessment,即国际学生评估项目,是一项由经济合作与发展组织的大型学生学习质量比较研究项目.

教育工作者基于学科视角和数学建模活动过程,从不同的研究思路出发对数学建模素养进行水平划分,构建数学建模素养评价体系,在一定区域进行测评,取得了许多富有价值的研究成果,值得后来者思考与借鉴.但在已有研究中,以STEAM教育理念构建数学建模素养评价指标体系的研究较少,将数学建模活动产生的成果转化为实物模型、软件模型、创新专利,纳入评价指标体系的研究更是少之又少.因此,构建具有创新导向和激励作用的数学建模素养评价指标体系,对促进高中创新人才培养具有重要意义.

二、中学生数学建模素养评价体系构建

(一)数学建模素养评价指标构成

构建数学建模素养评价指标体系是评估学生建模素养水平的重要载体.评价指标的确定依据高中数学课标中有关数学建模核心素养的水平划分,STEAM教育理念和数学建模活动的主要过程,制定了"情境解读"、"数学建模"、"数学表达"、"交流协作"和"成果转化"5个一级指标,以及与之相对应的15个二级指标和4个水平划分(表4-1-1至表4-1-5),以数学建模活动小组为评价对象开展群体评价.

表4-1-1 中学生数学建模素养"情境解读"水平评价

评价项目		水平划分与描述			
一级指标	二级指标	水平0	水平1	水平2	水平3
情境解读	发现问题	几乎不能将现实问题与数学问题相联系	能在简单现实问题情境中发现问题,并转化为数学问题	能在现实问题情境中发现问题,并转化为数学问题	能在STEAM问题情境中发现问题,并转化为数学问题
	分析问题	几乎不能对现实问题进行陈述、分析	能对问题进行简单陈述,但条理不清,分析缺乏逻辑性	问题陈述较完整,条理不够清晰,分析不够到位	问题陈述完整,条理清晰,研究方向明确,分析到位
	查阅文献	几乎没有查阅文献	能查阅部分文献,缺少评述	能查阅重要文献,并进行简单评述	能查阅重要文献,并进行综合评述

表 4-1-2　中学生数学建模素养"数学建模"水平评价

评价项目		水平划分与描述			
一级指标	二级指标	水平0	水平1	水平2	水平3
数学建模	模型假设	几乎没有模型假设，或缺乏假设依据	能根据现实问题进行简单的模型假设，但未做合理性说明	能根据现实问题进行模型假设，但合理性说明不到位.	能根据现实问题进行模型假设，且合理性说明到位
	建模解模	几乎没有模型或模型有误，无解模过程	能建立含变量和参数的模型，但模型陈述不清，解模有误	能建立含重要变量和参数的模型，但解模过程不完整	能建立含关键参数和变量的模型，且解模过程完整
	应用检验	几乎没有给出应用检验的数据或实验结果	能简单给出应用检验的数据或实验结果，但与现实问题的匹配程度低	能较完整给出应用检验的数据或者实验结果，但有偏差或结果不够合理	能在现实或模拟软件中对解决方案进行应用检验，且实证充分，结果合理

表 4-1-3　中学生数学建模素养"数学表达"水平评价

评价项目		水平划分与描述			
一级指标	二级指标	水平0	水平1	水平2	水平3
数学表达	分析评价	缺乏对解决方案的评析，或评析错误多	能对解决方案进行简单评析，但视角不够合理或有少量错误	能较完整评析解决方案，视角合理，但缺乏可行性分析	能完整评析解决方案，且视角合理，可行性分析到位
	撰写报告	文字表述、数学表达错误多，可读性差	文字表述、数学表达出现少量错误，可读性一般	文字表述、数学表达较规范，可读性较好	文字表述、数学表达规范，以图表辅助表达，可读性强
	学术规范	规范性差，排版凌乱，重复率超过30%	有少量规范性错误，排版不一，文章重复率在20%～30%	规范性、排版较好，文章重复率在10%～20%	规范性好，排版美观，文章重复率低于10%

表 4-1-4　中学生数学建模素养"交流协作"水平评价

评价项目		水平划分与描述			
一级指标	二级指标	水平 0	水平 1	水平 2	水平 3
交流协作	作品陈述	照本宣科,陈述逻辑不清,几乎无亮点	图文并茂,陈述逻辑较清晰,但缺乏创新点	运用现代信息技术手段,陈述清晰,有创新点	综合运用多种技术手段,陈述条理清晰,创新点突出
	联合问辩	不能回应专家提出的问题或答非所问	能简单回应专家提出的问题,但对问题的解释不合理	能较灵活回应专家提出的问题,但论证不充分	能灵活回应专家提出的问题,论证充分,能自圆其说
	团队协作	几乎无团队协作或作品由单人完成	有一定的团队协作,但分工不明确	有较好的团队协作,分工较明确,但配合不够默契	团队协作性强,分工明确,团队执行力强、配合默契

表 4-1-5　中学生数学建模素养"成果转化"水平评价

评价项目		水平划分与描述			
一级指标	二级指标	水平 0	水平 1	水平 2	水平 3
成果转化	实模制作	没有制作软件模型或实物模型	能制作简单的软件模型或实物模型,但本质特征不明显	能制作软件模型或实物模型,能体现部分特征和优点	能制作软件模型或实物模型,能体现本质特征和优点
	作品参赛	作品不符合参赛标准	作品能参加校级数学建模或科技创新比赛	作品能参加区域级数学建模或科技创新比赛	作品参加高级别数学建模或科技创新比赛
	成果采纳	成果未被有关部门采纳或未申请专利	成果被接受,但未推广应用;或者申请了专利,但未被受理	成果被采纳,并在区域内推广应用;或者获得专利受理书	成果被采纳,并获大范围推广应用;或者获得专利证书

(二)专家咨询与验证

笔者在国培计划"中小学名师领航工程"赵祥枝名师工作室的研讨活动中

就高中创新人才培养与数学建模素养水平评价指标的确定访谈了高中数学课标修订组组长、东北师范大学原校长史宁中教授,史教授提出三个观点:一是数学建模是人们通过数学来认识、理解和表达世界的一个工具、思维形式和关键载体,在高中开展数学建模活动是培养创新人才的重要抓手;二是高中生数学建模素养评价指标体系的构建很有必要,高中数学课标修订者对中学开展数学建模活动缺乏实践经验,课标中有关数学建模素养水平划分的描述是评价学生数学建模素养水平的参考,中学教师可以根据实际学情、生情进行补充和完善;三是从创新人才培养和跨学科融合教学的角度看,表 4-1-1~表 4-1-5 中拟定的指标和水平划分具有一定的合理性和创新性.

为了在更大范围内开展数学建模素养评价指标的专家咨询,本研究以上述指标体系为基础形成"基于高中创新人才培养的数学建模素养评价指标"专家咨询问卷,问卷采用李克特量表(Likert scale)问卷设计,通过纸质问卷与网络问卷相结合开展咨询问卷工作,调查范围覆盖 26 个省、自治区、直辖市,调查对象为高中数学教师、高中数学教研员、高校数学教师、科技教育工作者等.最终回收问卷 716 份,有效问卷 664 份,有效率为 92.74%,其中高中数学教师 578 人、高中数学教研员 23 人、大学数学教师 45 人、科技教育工作者 18 人,且有 76.81% 的问卷参与者的教龄在 10 年以上.

问卷调查结果显示,专家群体对数学建模素养评价指标的认同度较高,"非常认同"与"比较认同"的比例之和达到 80% 以上.根据方差分析,发现专家群体对评价指标的认同度上没有显著性差异,具有较高的一致性(表 4-1-6).

表 4-1-6 中学生数学建模素养评价指标认同度统计

评价指标		指标认同度(单位:%)				
一级指标	二级指标	非常认同	比较认同	不确定	比较不认同	非常不认同
情境解读	发现问题	59.94	37.80	2.26	0.00	0.00
	分析问题	61.90	36.29	1.51	0.15	0.15
	查阅文献	44.88	44.13	6.32	3.01	1.66

续表

评价指标		指标认同度(单位:%)				
数学建模	模型假设	90.51	9.34	0.15	0.00	0.00
	建模解模	89.16	10.54	0.30	0.00	0.00
	应用检验	60.39	39.31	0.15	0.15	0.00
数学表达	分析评价	58.74	40.36	0.75	0.15	0.00
	撰写报告	69.58	29.97	0.15	0.15	0.15
	学术规范	45.18	39.91	9.79	3.31	1.81
交流协作	作品陈述	45.33	40.96	7.53	3.92	2.26
	联合问辩	46.08	45.48	3.02	3.16	2.26
	团队协作	44.88	42.02	8.28	3.01	1.81
成果转化	实模制作	40.21	39.91	12.05	4.52	3.31
	作品参赛	42.92	37.80	9.34	5.72	4.22
	成果采纳	40.96	40.66	6.93	6.03	5.42

(三)确定指标权重

为确定上述各指标的权重值,本研究对20位数学教育专家和20位科技教育专家进行评价指标权重的咨询,回收有效问卷38份,有效率为95%.以下结合专家咨询的结果,利用层次分析法(AHP)对数学建模素养评价指标的权重值进行计算[7],计算流程简述如下所述.

1.构造判断矩阵

以接受咨询的某位专家对数学建模素养评价指标的评分为例,得到判断矩阵赋值表(表4-1-7)及判断矩阵 A.

表 4-1-7　某专家对数学建模素养评价指标判断矩阵赋值

评价指标	情境解读	数学建模	数学表达	交流协作	成果转化
情境解读	1	3	2	2	3
数学建模	1/3	1	2	3	2
数学表达	1/2	1/2	1	3	2
交流协作	1/2	1/3	1/3	1	1
成果转化	1/3	1/2	1/2	1	1

$$\boldsymbol{A}=\begin{bmatrix}1&3&2&2&3\\1/3&1&2&3&2\\1/2&1/2&1&3&2\\1/2&1/3&1/3&1&1\\1/3&1/2&1/2&1&1\end{bmatrix},\boldsymbol{A}'=\begin{bmatrix}0.375&0.562&0.343&0.200&0.333\\0.125&0.188&0.343&0.300&0.222\\0.188&0.094&0.171&0.300&0.222\\0.188&0.063&0.057&0.100&0.111\\0.125&0.094&0.086&0.100&0.111\end{bmatrix}.$$

2.计算指标权重

利用计算公式 $a_{ij}{}'=\dfrac{a_{ij}}{\sum\limits_{k=1}^{5}a_{kj}}$ ($i,j=1,2,3,4,5$)将判断矩阵 $\boldsymbol{A}$ 的每列原元素 a_{ij} 做归一化处理,得到新判断矩阵 $\boldsymbol{A}'$ 的元素 $a_{ij}{}'$,然后对新判断矩阵 $\boldsymbol{A}'$ 按行相加,得到 $\overline{\boldsymbol{W}}=(\overline{w}_1,\overline{w}_2,\overline{w}_3,\overline{w}_4,\overline{w})_5{}^{\mathrm{T}}$,其中 $\overline{w}_i=\sum\limits_{j=1}^{5}a_{ij}{}'$($i,j=1,2,3,4,5$),从而 $\overline{\boldsymbol{W}}=(1.813,1.178,0.975,0.519,0.516)^{\mathrm{T}}$.再计算出判断矩阵的特征向量 $\boldsymbol{W}=(w_1,w_2,w_3,w_4,w_5)^{\mathrm{T}}$,其中 $w_i=\dfrac{\overline{w}_i}{\sum\limits_{j=1}^{5}\overline{w}_j}$($i,j=1,2,3,4,5$),得到 $\boldsymbol{W}=(0.363,0.236,0.195,0.104,0.103)^{\mathrm{T}}$.因此,该专家认为上述 5 个数学建模核心素养评价一级指标的权重依次为 0.363,0.236,0.195,0.104,0.103.

3.一致性检验

为了达到对指标相对重要程度的一致性要求,需要对计算出的数学建模核心素养指标的权重进行一致性检验.检验方法和标准如下:一致性指标

$CI = \dfrac{\lambda_{\max} - n}{n - 1}$,最大特征值 $\lambda_{\max} = \sum\limits_{i=1}^{n} \dfrac{(AW)_i}{nw_i}$,平均随机一致性指标为 RI(数值见表 4-1-8).当一致性比值 $CR = \dfrac{CI}{RI} < 0.10$ 时,认为判断矩阵具有一致性,则计算得到的权重可以接受,否则就需要重新修正指标的权重.以该专家评分进行计算,$AW = (1.976, 1.264, 1.011, 0.532, 0.543)^T$,$\lambda_{\max} = 5.2786$,$CI = 0.0697$,当 n 为 5 时,随机一致性变量 $RI = 1.12$,$CR = \dfrac{CI}{RI} = 0.0622 < 0.10$.因此,认为该专家在 5 个数学建模核心素养评价一级指标权重的判断上满足一致性要求.

表 4-1-8　平均随机一致性指标 RI 数值对照

n	1	2	3	4	5	6	7	8	9	10
RI	0	0	0.58	0.9	1.12	1.24	1.32	1.41	1.45	1.49

依照以上操作流程,对剩余 37 位专家的评分构造判断矩阵、计算指标权重和一致性检验,发现有 8 位专家的评分不能通过一致性检验,从而实际有效的专家评分为 30 个,取这 30 个有效专家评分的平均值,将权重值保留小数点后两位有效数字,从而得出 5 个数学建模核心素养水平评价一级指标的权重依次为 0.32,0.28,0.22,0.12,0.06.

仿照计算一级指标权重的方法和流程,计算出 15 个数学建模核心素养评价二级指标的权重(表 4-1-9),从而得到数学建模素养水平的计算表达式为 $L = 0.32I + 0.28M + 0.22E + 0.12C + 0.06T$,其中 $I = \dfrac{1}{0.32}(0.12I_1 + 0.14I_2 + 0.06I_3)$;$M = \dfrac{1}{0.28}(0.05M_1 + 0.16M_2 + 0.07M_3)$;$E = \dfrac{1}{0.22}(0.08E_1 + 0.10E_2 + 0.04E_3)$;$C = \dfrac{1}{0.12}(0.05C_1 + 0.04C_2 + 0.03C_3)$;$T = \dfrac{1}{0.06}(0.02T_1 + 0.02T_2 + 0.02T_3)$.$I_i, M_i, E_i, C_i, T_i (i = 1, 2, 3)$ 分别代表 5 个一级指标对应的二级指标,各二级指标的水平 0 至水平 3 可根据实际情况确定赋值范围.

表 4-1-9 中学生数学建模素养评价指标权重

一级指标	权重	二级指标	权重	某数学建模小组水平得分
情境解读(I)	0.32	发现问题(I_1)	0.12	水平 2:72 分
		分析问题(I_2)	0.14	水平 2:75 分
		查阅文献(I_3)	0.06	水平 3:90 分
数学建模(M)	0.28	模型假设(M_1)	0.05	水平 2:78 分
		建模解模(M_2)	0.16	水平 3:82 分
		应用检验(M_3)	0.07	水平 2:70 分
数学表达(E)	0.22	分析评价(E_1)	0.08	水平 1:56 分
		撰写报告(E_2)	0.10	水平 2:76 分
		学术规范(E_3)	0.04	水平 2:78 分
交流协作(C)	0.12	作品陈述(C_1)	0.05	水平 3:85 分
		联合问辩(C_2)	0.04	水平 2:75 分
		团队协作(C_3)	0.03	水平 2:76 分
成果转化(T)	0.06	实模制作(T_1)	0.02	水平 1:50 分
		作品参赛(T_2)	0.02	水平 2:66 分
		成果采纳(T_3)	0.02	水平 2:68 分

例如,以 100 分为满分进行计算,可将水平 0~3 进行平均赋值,即水平 0 赋值为 0~25 分,水平 1 赋值为 26~50 分,水平 2 赋值为 51~75 分,水平 3 赋值为 76~100 分.以某数学建模小组为例,经过数学建模素养评价专家组评估得到的各指标水平分数见表 4-1-9 最后一列,则该数学建模小组

"情境解读"水平成绩 $I = \dfrac{1}{0.32} \times (0.12 \times 72 + 0.14 \times 75 + 0.06 \times 90) = 76.69$,

"数学建模"水平成绩 $M = \dfrac{1}{0.28} \times (0.05 \times 78 + 0.16 \times 82 + 0.07 \times 70) = 78.29$,

"数学表达"水平成绩 $E = \dfrac{1}{0.22} \times (0.08 \times 56 + 0.10 \times 76 + 0.04 \times 78) = 69.09$,

"交流协作"水平成绩 $C = \dfrac{1}{0.12} \times (0.05 \times 85 + 0.04 \times 75 + 0.03 \times 76) = 79.42$,

"成果转化"水平成绩 $T = \dfrac{1}{0.06} \times (0.02 \times 50 + 0.02 \times 66 + 0.02 \times 768) = 61.33$,

从而该数学建模小组的数学建模素养水平成绩

$L = 0.32 \times 76.69 + 0.28 \times 78.29 + 0.22 \times 69.09 +$
$\quad\ 0.12 \times 79.42 + 0.06 \times 61.33$
$\ = 74.87.$

三、思考与展望

展望未来高中数学创新人才培养的方向,改革和创新评价机制是大势所趋.

(一)转变评价方式,激发创新潜质

随着新课标、新课程、新高考改革的不断深化,传统的数学人才评价方式已经不能适应新时代育人要求,而推进高中育人方式改革应遵循学生的认知规律,转变评价方式,构建适合高中数学创新人才成长的"课程—活动—评价"有机融合的一体化育人体系,为开发学生创新思维提供时间和空间,让学生在课程和活动中动手操作、动口讨论、动脑思考,亲身体验知识发生、发展和生成的过程,将数学与现实问题建立多向联系,在模仿中创新,在实践中创造,并在这个过程中发挥评价的导向和激励功能,利用大数据和信息技术构建高中人才培养与高校人才选拔相互衔接的综合评价机制,对学生具有高信度的创新学习成果进行联合评价,改革高校人才选拔方式,形成大中学共育创新人才机制.例如,利用区块链技术构建学生综合评价平台,搜集学生课堂、活动和比赛等相关数据,组织高校专家、企业工程师、家长和学校多学科教师成立综合评价小组,建立学生信用档案,对学生进行综合评价,将综合评价结果作为高校人才选拔的重要依据.高中学校根据综合评价结果的信度和效度,反思课程和活动的实施效果,完善高中创新人才培养机制,形成育人体系的良性闭环.

(二)改革评价内容,促进全面发展

传统数学教育以考试成绩作为评价学生数学学习能力的唯一标准,忽视对应用意识、创新思维、动手能力、表达能力和跨学科学习能力的培养,导致学生无法充分理解数学的价值和作用,学习数学的兴趣难以充分激发.数学创新教育既要传承优秀学科文化,又要跳出纯数学知识背景的"禁锢",将教育教学的触角延伸到STEAM教育领域,拓宽应用数学解决现实问题的领域和方法,重视对学生合作交流、批判性创新思维、成果转化等方面能力的评价,推动数学成为学生创新创造的原动力.例如,构建以数学建模活动为引领的STEAM课程,在数学与科学、工程、技术、人文艺术相融合的项目研究活动中渗透立德树人的"德育"内容,营造富有数学文化的"美育"氛围,突出对数学应用的"智育"培养,落实动手操作能力和合作创新精神的"体劳双育",在数学核

心素养评价体系中融入"五育并举"的相关评价指标,构建兼具理论价值和实践意义的评价体系,促进学生全面发展.

(三)推动群体评价,发挥助长效应

以团队为单位进行学生素养的群体评价,发挥 1 加 1 大于 2 的群体正向效应,培养学生的团队协同创新能力,将成为教育评价改革的重要发展方向.本研究以群体评价方式构建数学建模素养评价指标体系,通过数学建模素养水平公式 $L=0.32I+0.28M+0.22E+0.12C+0.06T$ 计算出数学建模小组的数学建模素养水平,以团队的素养水平带动个人的素养养成,发挥群体的助长效应,推动个体的数学建模素养水平在课程和活动中逐级提升.

第二节 STEAM 教育视角下的高考数学文化试题评析与展望

习近平总书记在 2018 年的全国教育大会上指出"人是科技创新最关键的因素,创新的事业呼唤创新的人才.我国要在科技创新方面走在世界前列,必须在创新实践中发现人才、在创新活动中培育人才、在创新事业中凝聚人才",并强调"要在增强综合素质上下功夫,教育引导学生培养综合能力,培养创新思维".在实现中国梦的伟大实践中,培育和选拔早期创新人才已成为时代赋予基础教育的重要使命.

STEAM 作为融合科学(science)、技术(technology)、工程学(engineering)、艺术(art)和数学(mathematics)的教育形式,以其整合培养实践型、创新型、综合型人才的教育理念,通过变革教育教学组织形式、创新课程发展新范式,将成为推动国家、社会发展的重要战略.[8]近年来,高考数学文化试题渗透跨学科融合理念,发挥人才选拔和教学导向的正向功能,逐步形成了"依托人文史料,融入 STEAM 元素,关注数学应用,彰显数学价值"命题特色和亮点.[8]下面将从 STEAM 教育的视角对近五年高考数学文化试题的特征进行梳理与评析,为广大数学教育工作者开展教育教学和命题研究提供参考.

一、近五年高考数学文化试题统计

《普通高中数学课程标准(2017年版)》指出：数学文化是指数学的思想、精神、语言、方法、观点，以及它们的形成和发展；还包括数学在人类生活、科学技术、社会发展中的贡献和意义，以及与数学相关的人文活动.[9]下面以此为依据，从试题来源、题型、文化背景、考查知识、相关学科、试题归类和STEAM元素等方面对2016—2020年的全国高考数学试卷中有显性数学文化背景的试题进行不完全统计，共得25道题(表4-2-1).总结分析如下：

第一，从试题来源看，25道试题中有18道来自全国卷，其中全国卷Ⅰ有5道，全国卷Ⅱ有8道，全国卷Ⅲ有3道，新高考全国卷Ⅰ、Ⅱ有2道；北京卷、上海卷和浙江卷从2018年开始出现数学文化试题.

第二，从题型题量看，近五年考查题型均为选择题和填空题，选择题所占比例较大.从2017年起，全国卷数学文化题量逐年上升，到2020年实现全国卷Ⅰ、Ⅱ、Ⅲ，新高考全国卷Ⅰ、Ⅱ及文、理科全覆盖.近三年来，北京卷每年均有1至2道数学文化试题，浙江卷2018年和2019年各有1道，上海卷在2018年有所涉及.

第三，从文化背景看，主要是以《九章算术》《数书九章》《算法统宗》《张邱建算经》等中国古代经典数学著作中的数学名题，国内外数学家的优秀成果，中国古代金石文化、建筑、音律、美术，近现代科技发展和艺术美为命题背景，其中出自我国数学名著的数学文化试题大部分都来源于《九章算术》和《数书九章》，尤以《九章算术》为甚.

第四，从考查知识看，涉及概率、统计、数列、函数、方程、不等式、立体几何、逻辑推理、数学估算等知识的考查，其中对数列、概率和立体几何的考查比重较大.2019年和2020年的数学文化试题在数学估算和跨学科综合方面的创新力度有所增强.

第五，从相关学科看，涉及物理、天文、工程、文学、哲学、医学、历史、音乐、美学、逻辑推理、数学史料等.从广义上看，STEAM中的A元素包括语言艺术(language art)、美术(fine art)、身体艺术(physical art)、工艺艺术(manual art)、人文艺术(liberal/social art)五个门类.[10]因此，本书将所研究试题归类为科技数学、工程数学、人文数学和艺术数学四个大类，涉及学科覆盖STEAM中的所有元素，其中"人文数学"试题所占比重较大.

表 4-2-1 2016—2020 年全国高考数学文化试题特征统计

年份	试题来源	题型	文化背景	考查知识	相关学科	STEAM元素	试题归类
2016	全国卷Ⅱ理8、文9	选择	《数书九章》秦九韶算法	算法程序框图	数学名著	M、A	人文数学
2017	全国卷Ⅰ理2	选择	太极图	几何概型	数学与美学	M、A	人文数学
2017	全国卷Ⅱ理3	选择	《算法统宗》	等比数列	数学名著	M、A	人文数学
2017	全国卷Ⅱ理7	选择	生活中的推理	逻辑推理	数学与逻辑	M、S	科技数学
2018	全国卷Ⅰ理10	选择	希波克拉底研究的几何图形（月牙定理）	几何概型	数学名家	M、A	人文数学
2018	全国卷Ⅱ理8	选择	陈景润与哥德巴赫猜想	古典概型	数学名家	M、A	人文数学
2018	全国卷Ⅲ理3、文3	选择	中国古建筑的榫卯设计	三视图	数学与工程	M、E	工程数学
2018	北京卷理4、文5	选择	明朝朱载堉的"十二平均律"	等比数列	数学与音乐	M、A	艺术数学
2018	上海卷15	填空	《九章算术》中的"阳马"	空间点、线、面位置关系	数学名著	M、A	人文数学
2018	浙江卷11	填空	《张邱建算经》"百鸡问题"	方程组	数学名著	M、A	人文数学
2019	全国卷Ⅰ理4、文4	选择	"断臂维纳斯"与黄金分割	数学估算	数学与美学	M、A	艺术数学
2019	全国卷Ⅰ理6	选择	《周易》"卦"与"爻"	古典概型	数学与哲学	M、A	人文数学
2019	全国卷Ⅱ理4	选择	嫦娥四号探测器登陆月球	解方程	数学与物理	M、S、T	科技数学
2019	全国卷Ⅱ理16、文16	填空	中国金石文化中的印信	空间多面体	数学与历史	M、A	人文数学
2019	全国卷Ⅲ理3、文4	选择	中国四大名著	样本估计总体	数学与文学	M、A	人文数学
2019	北京卷理6、文7	选择	天体明暗程度的数学模型	指数与对数计算	数学与天文	M、S	科技数学
2019	北京卷理8	选择	心形曲线	曲线方程、距离、面积、不等式等	数学与美学	M、A	艺术数学
2019	浙江卷4	选择	祖暅原理	几何体体积	数学名家	M、A	人文数学

续表

年份	试题来源	题型	文化背景	考查知识	相关学科	STEAM元素	试题归类
2020	山东新高考全国卷Ⅰ4、海南新高考全国卷Ⅱ4	选择	日晷中的立体几何	球体中的线面位置关系	数学与物理	M、S	科技数学
	山东新高考全国卷Ⅰ6、海南新高考全国卷Ⅱ6	选择	新冠肺炎中的基本再生数与世代间隔	指数型函数	数学与医学	M、S	科技数学
	全国卷Ⅰ理3、文3	选择	埃及胡夫金字塔	正四棱锥相关概念及计算	数学与工程	M、E	工程数学
	全国卷Ⅱ理4	选择	北京天坛天心石结构	等差数列	数学与工程	M、E	工程数学
	全国卷Ⅱ文3	选择	钢琴中的原位大(小)三和弦	新定义	数学与音乐	M、A	艺术数学
	全国卷Ⅲ理4、文4	选择	流行病学中的Logistic模型	指数与对数的运算	数学与医学	M、S	科技数学
	北京卷10	选择	圆周率π与数学家阿尔·卡西	正多边形的性质与估算	数学名家	M、A	人文数学

二、高考数学文化典型试题评析

(一)科技数学

1.天文数学

例1(2019北京卷·理6文7) 在天文学中,天体的明暗程度可以用星等或亮度来描述.两颗星的星等与亮度满足 $m_2 - m_1 = \frac{5}{2}\lg\frac{E_1}{E_2}$,其中星等为 m_k 的星的亮度为 $E_k(k=1,2)$.已知太阳的星等是 -26.7,天狼星的星等是 -1.45,则太阳与天狼星的亮度的比值为( ).

A. $10^{10.1}$ B. 10.1 C. $\lg 10.1$ D. $10^{-10.1}$

评析 本题以天体的明暗程度与星等或亮度的关系为背景,融合天文学知识与数学方程提出问题,考查指数与对数的运算,要求学生具备一定的阅读理解能力和运算求解能力,渗透数学抽象、数学建模和数学运算素养.学生解决问题的关键在于读懂"星等为 m_k 的星的亮度为 $E_k(k=1,2)$"的含义,再由
$$\begin{cases} m_2 - m_1 = \dfrac{5}{2} \lg \dfrac{E_1}{E_2} \\ m_1 = -26.7, m_2 = -1.45 \end{cases}$$ 解得 $\dfrac{E_1}{E_2} = 10^{10.1}$,从而得到太阳与天狼星的亮度的比值为 $10^{10.1}$.从 STEAM 视角看,天文学和数学有着极密切的关系,天文学是以观察、预测和解释天体的物质状况和发展为主的学科,在观察和搜集天体信息的过程中,由于大量数据无法直接测量,需要通过数学演算获得(如日地距离),数学在发挥工具作用推动天文学发展的同时,也进一步丰富了自身的理论体系,如对数、球面坐标系、三角函数等都是源自天文学的研究.在数学文化试题中融入天文学知识,有利于拓宽学生视野,帮助学生树立正确的宇宙观和价值观.

2.医学数学

例 2(2020 山东新高考全国卷 I · 6) 基本再生数 R_0 与世代间隔 T 是新冠肺炎的流行病学基本参数.基本再生数指一个感染者传染的平均人数,世代间隔指相邻两代间传染所需的平均时间.在新冠肺炎疫情初始阶段,可以用指数模型:$I(t) = e^{rt}$ 描述累计感染病例数 $I(t)$ 随时间 t(单位:天)的变化规律,指数增长率 r 与 R_0, T 近似满足 $R_0 = 1 + rT$.有学者基于已有数据估计出 $R_0 = 3.28, T = 6$.据此,在新冠肺炎疫情初始阶段,累计感染病例数增加 1 倍需要的时间约为($\ln 2 \approx 0.69$)( ).

A.1.2 天   B.1.8 天   C. 2.5 天   D.3.5 天

评析 本题以新冠肺炎疫情的预测模型为背景,考查了指数型函数模型的应用和指数式与对数式的互化,要求学生具备基本的数学应用意识和数学运算能力,渗透数学建模和数学运算素养.学生可结合 $R_0 = 3.28, T = 6, R_0 = 1 + rT$,得到 $r = \dfrac{3.28 - 1}{6} = 0.38$,从而有 $I(t) = e^{rt} = e^{0.38t}$.设累计感染病例数增加 1 倍需要的时间为 t_1 天,则 $e^{0.38(t+t_1)} = 2e^{0.38t}$,可得 $0.38 t_1 = \ln 2$,即 $t_1 = \dfrac{\ln 2}{0.38} \approx \dfrac{0.69}{0.38} \approx 1.8$ 天.

从 STEAM 视角看,马克思曾说过,一种科学只有成功地运用数学才算达到了真正完善的地步.先进的数学模型和高性能的算法是医学预测、医学图像分析的核心内容,现代医学的数学化,促使医学技术革命从定性走向定量,通过建立数学模型,揭示医学现象的本质.在新冠肺炎疫情肆虐的当下,本题

融合医学与数学进行命题,既能提升学生的数学应用能力,也进一步激发了学生的民族心、爱国情和责任感,同时也具有潜在的生涯指导价值,有利于激发学生兴趣,促进学生主动了解未来可能涉足的职业领域.

3.逻辑数学

例3(2017全国卷Ⅱ·理7) 甲、乙、丙、丁四位同学一起去向老师询问成语竞赛的成绩.老师说:你们四人中有2位优秀,2位良好,我现在给甲看乙、丙的成绩,给乙看丙的成绩,给丁看甲的成绩.看后甲对大家说:我还是不知道我的成绩.根据以上信息,则( ).

A.乙可以知道四人的成绩 B.丁可以知道四人的成绩

C.乙、丁可以知道对方的成绩 D.乙、丁可以知道自己的

评析 本题以生活中的趣味逻辑推理为背景,考查学生的逻辑推理能力,体现对逻辑推理核心素养的考查.此题没有出现任何的数学公式或者符号,学生解决问题无需运用公式进行数学运算,仅需找出题目中的关联性信息,加以整合分析,并做严密的逻辑推理即可.学生需将"四人中有2位优秀,2位良好""给甲看乙、丙的成绩"和"甲不知道自己的成绩"三个信息结合分析,即可得到乙、丙必为1优1良(若乙、丙均为优或均为良,则甲可以知道自己的成绩),从而甲、丁也必为1优1良,再由"给乙看到丙的成绩,给丁看到甲的成绩",则乙、丁可以知道自己的成绩.从STEAM视角看,未来世界是人工智能的时代,人工智能核心研究领域中的机器学习就是对传统逻辑中的归纳推理、演绎推理和类比推理等人类推理形式的思维模仿和技术拓展[11],良好的逻辑推理能力是人类与机器人"沟通"的桥梁,是未来社会创新人才极需具备的专业素养.

(二)工程数学

例4(2018全国卷Ⅲ·理3文3) 中国古建筑借助榫卯将木构件连接起来,构件的凸出部分叫榫头,凹进部分叫卯眼,图4-2-1中木构件右边的小长方体是榫头.若如图摆放的木构件与某一带卯眼的木构件咬合成长方体,则咬合时带卯眼的木构件的俯视图可以是( ).

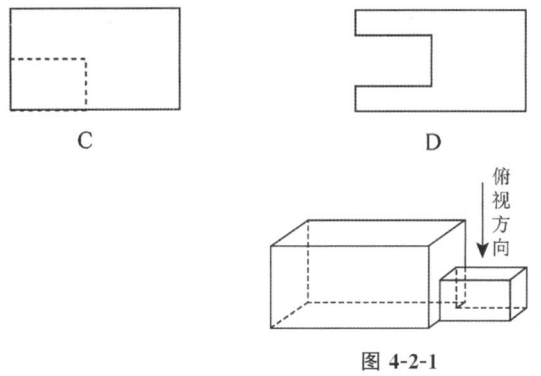

图 4-2-1

评析 本题以中国古建筑借助榫卯连接木构件为背景,融合工程结构和立体几何设置问题,考查三视图的相关内容,渗透直观想象核心素养.学生需先想象咬合状态下带卯眼的木构件的直观图(图 4-2-2),再得到俯视图 A,这和以往命题中给出三视图来想象直观图有所不同,在创新命题思路的同时,传播了历史悠久的中华文明和建筑智慧,使学生体会到数学的应用价值.从 STEAM 视角看,数学已成为建筑设计和土木工程构图的工具学科,既是建筑设计的智力资源,也是减少试验误差、消除技术失误的有效检验手段.在建设设计过程中,比例的平衡、图形的对称、曲面的变幻,总能启发建筑师创造出更具和谐美和数学美的建筑结构.本题将工程学与数学结合命题,有利于激发学生在未来工科学习的兴趣,助力学生生涯规划.

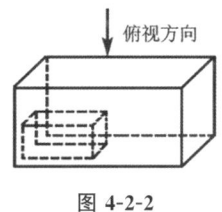

图 4-2-2

(三)人文数学

1.数学史料

例 5(2019 全国卷 Ⅱ·理 16 文 16) 中国有悠久的金石文化,印信是金石文化的代表之一.印信的形状多为长方体、正方体或圆柱体,但南北朝时期的官员独孤信的印信形状是"半正多面体"(图 4-2-3).半正多面体是由两种或两种以上的正多边形围成的多面体.半正多面体体现了数学的对称美.图 4-2-4

是一个棱数为48的半正多面体,它的所有顶点都在同一个正方体的表面上,且此正方体的棱长为1.则该半正多面体共有_____个面,其棱长为_____.

图 4-2-3

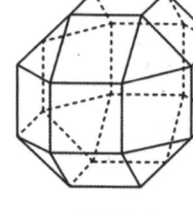

图 4-2-4

评析 本题以我国南北朝时期的官员独孤信的印信形状"半正多面体"为背景,融合历史文化和立体几何创设求空间多面体的面数与棱长的问题,图形优美,立意新颖,考查空间想象能力和运算求解能力,体现对直观想象和数学运算核心素养的考查.求解面数问题时,学生可以结合半正多面体的对称性和直观图求得面数为26,也可以利用立体几何中的欧拉公式 V(顶点数)$+F$(面数)$-E$(棱数)$=2$ 进行求解;对于棱长的求解,学生可以根据题意将半正多面体放入正方体内部(图 4-2-5),将半正多面体落在正方体4个侧面上的8个共面顶点投射到正方体的底面上,画出半正多面体的俯视图,将立体图形转化为平面正八边形(图 4-2-6),即可由 $AF=\dfrac{\sqrt{2}}{2}x+x+\dfrac{\sqrt{2}}{2}x=1$,求出棱长为 $\sqrt{2}-1$.从 STEAM 视角看,数学文化的内涵不仅表现在知识本身,还寄寓于它的发展历史,数学发展的历程体现了人类探索世界、认识世界的历程,数学发展史就是人类文明进步的发展史.正如数学家朗之万所说:"在数学教学中,加入历史百利而无一弊."数学与历史的融合,不仅有助于学生感受数学文化,了解数学发展和演变的过程,追溯数学思想、方法和史实的来龙去脉,而且有利于引导学生透过史实去触摸其背后的数学价值和观念,使历史承载的数学文化浸润学生的心灵,从而促进数学的发展和传承.[12]

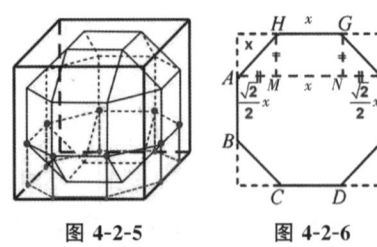

图 4-2-5　　图 4-2-6

2.数学名家

例 6(2019 浙江卷·4) 祖暅是我国南北朝时期的伟大科学家,他提出的"幂势既同,则积不容异"称为祖暅原理,利用该原理可以得到柱体的体积公式 $V_{柱体}=Sh$,其中 S 是柱体的底面积,h 是柱体的高.若某柱体的三视图如图 4-2-7 所示(单位:cm),则该柱体的体积(单位:cm³)是( ).

A.158   B.162   C.182   D.324

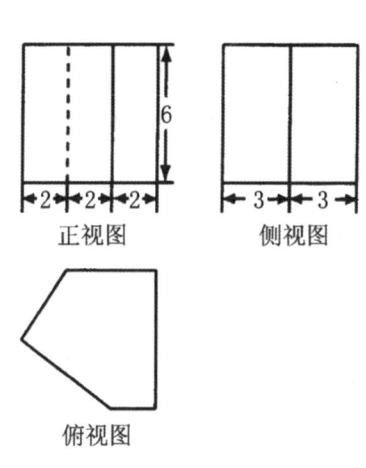

图 4-2-7

评析 本题以祖暅原理为背景,融合中国数学名家的研究成果和立体几何设置问题,考查利用三视图来计算立体图形的体积,要求学生具备识图用图能力、空间想象能力和运算求解能力,体现了直观想象、数学运算和数学建模等核心素养.学生可以先由三视图还原得到五棱柱的直观图(图 4-2-8),再依据给定的数据,求出五棱柱的底面五边形的面积为 $\frac{1}{2}\times(2+6)\times3+\frac{1}{2}\times(4+6)\times3=27$,从而得到五棱柱的体积为 $27\times6=162$.从 STEAM 视角看,本题将我国古代数学家的研究成果同数学问题相结合,既是对中国历史上所获数学成就的肯定,也体现出数学与数学家、数学史的人文融合和文化传承.在弘扬中国优秀传统文化的同时,还应看到试题背后蕴含着古今中外的数学家求真索实、拼搏创新的精神品质,有助于引导学生树立正确的历史观、民族观和国家观,体悟数学文化的博大精深.

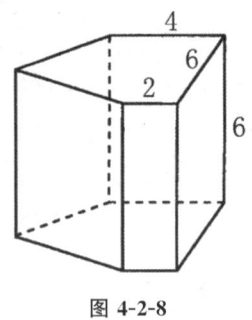

图 4-2-8

3.哲学数学

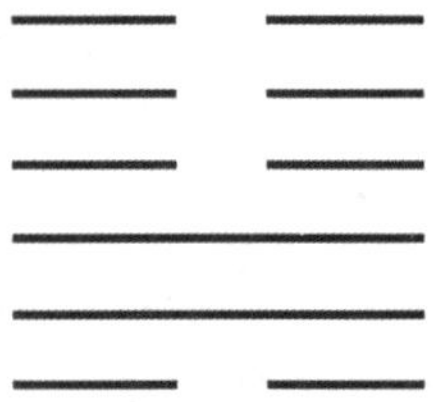

例8（2019全国卷Ⅰ·理6） 我国古代典籍《周易》用"卦"描述万物的变化.每一"重卦"由从下到上排列的6个爻组成,爻分为阳爻"——"和阴爻"— —",如图 4-2-9 就是一重卦.在所有重卦中随机取一重卦,则该重卦恰有 3 个阳爻的概率是( ).

A.$\dfrac{5}{16}$ B.$\dfrac{11}{32}$ C.$\dfrac{21}{32}$ D.$\dfrac{11}{16}$

图 4-2-9

评析 本题以《周易》中的"卦"和"爻"为背景,融合哲学和数学概率知识创设问题,考查排列组合和古典概型的计算,要求学生具备抽象概括能力、运算求解能力和数据处理能力,渗透数学抽象、数学建模、数学运算、数据分析等核心素养.学生可先在所有重卦中随机取一重卦,可得基本事件总数 $n=2^6=64$,结合恰有 3 个阳爻的基本事件数为 $m=C_6^3=20$,从而得到所求概率 $P=\dfrac{m}{n}=\dfrac{5}{16}$.从 STEAM 视角看,数学是从哲学中分化出来的学科,数学和哲学都具有极强的逻辑推理性.《周易》是中华文明史上一部内涵精深、影响广泛、流传久远的哲学典籍,有"群经之首"和"大道之源"之称.现行的《周易》包括《易经》和《易传》,《易经》主要是 64 卦和 384 爻,《易传》是解释卦辞、爻辞的文字,共 10 篇,称为"十翼".[13]《周易》虽然没有直接展示出某个数学定律、数学定理或经验公式等数学内容,但它蕴含的哲学思想和数学思想方法,在中国传统数学中发挥重要作用,秦九韶、李冶、杨辉、朱世杰等中国传统数学家们所取得的杰出数学成就,均显示出《周易》的影响[14].作为中华文化瑰宝,《周易》中辩证思维、管理思想和整体论等精华都值得学生传承和发扬光大.

4.文学数学

例8(2019年全国卷Ⅲ·理3文4)《西游记》、《三国演义》、《水浒传》和《红楼梦》是中国古典文学瑰宝,并称为中国古典小说四大名著.某中学为了了解本校学生阅读四大名著的情况,随机调查了100名学生,其中阅读过《西游记》或《红楼梦》的学生共有90位,阅读过《红楼梦》的学生共有80位,该校阅读过《西游记》且阅读过《红楼梦》的学生共有60位,则该校阅读过《西游记》的学生人数与该校学生总数比值的估计值为( ).

A.0.5　　　B.0.6　　　C.0.7　　　D.0.8

评析　本题以中国古代四大文学名著为背景,融合四大名著的阅读情况调查与数学概率知识,考查学生数据处理和数学运算能力,体现了数学建模、数据分析和数学运算核心素养.学生可画出 Venn 图简洁地表示出"阅读过两本书的学生人数"、"仅阅读过《红楼梦》的学生数"和"仅阅读过《西游记》的学生人数",即可求出阅读过西游记的学生人数,从而利用古典概型求出估计值.从 STEAM 视角看,国内外许多经典文学作品中都蕴含数学知识,诗、词、曲、赋、传奇、小说、散文的名句佳作中往往嵌着数字.正如雨果所言:"数学到了最后阶段就遇到想象,在圆锥曲线、对数、概率、微积分中,想象成了计算的系数,于是数学也成了诗."在探寻名著历史由来、文学渊源和潜在内涵的研究中,数学方法的使用成为强大的助推力,如红学研究人员通过信息技术和数据统计探究《红楼梦》的作者问题,波兰学者利用统计分析《战争与和平》《尤利西斯》《追忆似水年华》等100多部名著,发现大部分作品具有分形结构.国外学者 Edwards 研究认为,在高中阶段,将文学与数学联系起来,可以提高学生的阅读能力,促进跨学科学习.[15]

(四)艺术数学

1.音乐数学

例9(2018北京卷·理4文5)"十二平均律"是通用的音律体系,明代朱载堉最早用数学方法计算出半音比例,为这个理论的发展做出了重要贡献.十二平均律将一个纯八度音程分成十二份,依次得到十三个单音,从第二个单音起,每一个单音的频率与它的前一个单音的频率的比都等于 $\sqrt[12]{2}$.若第一个单音的频率为 f,则第八个单音的频率为( ).

A.$\sqrt[3]{2}f$　　B.$\sqrt[3]{2^2}f$　　C.$\sqrt[12]{2^5}f$　　D.$\sqrt[12]{2^7}f$

评析　本题以我国明代律学家朱载堉对十二平均律的重要贡献为背景,

深入挖掘音乐背后的数学知识,融合音乐和数学数列知识提出问题,考查等比数列和指数运算,突显数学的应用价值和数学对人类文明发展的巨大贡献,要求学生具备阅读理解能力和运算求解能力,渗透数学运算核心素养.学生可由题意写出等比数列的通项公式 $a_n = (\sqrt[12]{2})^{n-1} f$,从而得到 $a_8 = (\sqrt[12]{2})^7 f = \sqrt[12]{2^7} f$.从 STEAM 视角看,音乐当中不止有变换、数列等数学知识,在书写乐谱与制作乐器的过程中也存在数学的踪迹[16].爱因斯坦曾说:"真正的科学和真正的音乐需要同样的思维过程,这个世界可以由乐谱组成,也可以由数学公式组成."值得一提的是,朱载堉首创利用珠算进行开平方、开立方,研究出了数列等式,在世界上最早解答了已知等比数列的首项、末项和项数,解决了不同进位制的小数换算,他运用自制算盘,求出了十二平均律的关键参数,计算结果的精确程度达 25 位有效数字,为钢琴的制作提供了理论依据.不仅如此,朱载堉一生著有《乐律全书》《嘉量算经》《律历融通》《音义》《万年历》《万年历备考》《历学新说》等书籍,内容涵盖了音乐、天文、历法、数学、舞蹈、文学等,被世界誉为"东方文艺复兴式的圣人".试题中展现朱载堉对世界文化的贡献,有利于树立学生的民族自豪感、自尊心和自信心.

2.美学数学

例 11(2019 全国卷 Ⅰ·理 4 文 4) 古希腊时期,人们认为最美人体的头顶至肚脐的长度与肚脐至足底的长度之比是 $\dfrac{\sqrt{5}-1}{2}$($\dfrac{\sqrt{5}-1}{2} \approx 0.618$,称为黄金分割比例),著名的"断臂维纳斯"(图 4-2-10)便是如此.此外,最美人体的头顶至咽喉的长度与咽喉至肚脐的长度之比也是 $\dfrac{\sqrt{5}-1}{2}$.若某人满足上述两个黄金分割比例,且腿长为 105 cm,头顶至脖子下端的长度为 26 cm,则其身高可能是( ).

图 4-2-10

A.165 cm   B.175 cm   C.185 cm   D.190 cm

评析 本题以断臂维纳斯为背景,融合美学黄金分割比例和数学估算创设求身高的问题,考查不等式的解法、性质及不等式估算等知识,要求学生具备抽象概括能力、运算求解能力和数据处理能力,体现了数学抽象、数学运算和数据分析等核心素养.本题取材于古希腊数学文化,旨在吸收世界数学文化的精华,展示数学之美.学生需仔细审题,首先明确所求为某人的身高(图 4-2-

11),而非维纳斯的身高,根据题意得到数学模型 $\begin{cases} \dfrac{a}{b}=\dfrac{c}{d}=\dfrac{\sqrt{5}-1}{2} \\ a=c+d \\ 身高=a+b \\ b>105, c<26 \end{cases}$,由 $c<$ 26 进行估算,可得 $d=\dfrac{c}{0.618}<\dfrac{26}{0.618}<42$,则 $a=c+d<26+42=68$,又因为 $b=\dfrac{a}{0.618}<\dfrac{68}{0.618}<110$,可得某人身高 $a+b<68+110=178$;再由 $b>105$ 进行估算,有 $a=0.618b>0.618\times105>64$,可得某人身高 $a+b>64+105=169$,从而有 $169<a+b<178$.从 STEAM 视角看,著名数学家冯·诺依曼曾说过:"我认为数学家无论是选择题材还是判断成功的标准,主要都是美学的."数学教学需要让学生感受到数学的美,从而激发学生的数学学习兴趣,这本身就是一种教学艺术.数学教学艺术的生成需要广大数学教育工作者共同挖掘数学美的题材,渗透到日常教育教学和命题考查中,从而提升学生的数学审美观念和对数学价值的认同感.

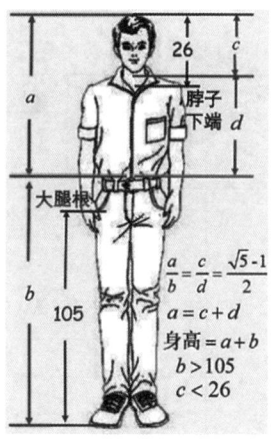

图 4-2-11

三、基于STEAM视角的高考数学文化命题展望

(一)关注经典名著,放眼文化融合

著名数学教育家张奠宙先生说:"数学文化是理性文明的火车头."中国传统数学"算经十书"包含《九章算术》、《周髀算经》、《孙子算经》、《五曹算经》、《夏侯阳算经》、《张丘建算经》、《海岛算经》、《五经算术》、《缀术》和《缉古算经》,这些经典数学著作蕴含丰富数学文化,是中国数学发展历史长河的瑰宝,尤其是《九章算术》称得上是古代中国理性文明的标志.《九章算术》包括面积与分数计算,比例和比例配分,开平方、开立方计算等九个章节(表4-2-2),均为高中学生已学知识内容,因此它将成为高考数学命题素材的宝典.此外,在国家推进"一带一路"建设,构建人类命运共同体的实践中,需要我们深入了解世界数学文化.国外数学著作中,古希腊数学家欧几里得的《几何原本》、法国数学家笛卡尔的《解析几何》、德国数学家克莱因的《古今数学思想》、苏格兰数学家纳皮尔的《对数》等都是值得关注的命题素材.

表4-2-2 《九章算术》目录内容及相关信息

章 节	名 称	题 数	算术数	主要内容
第一章	方田	38	21	面积计算公式与分数运算问题
第二章	粟米	46	33	比例问题
第三章	衰分	20	22	比例配分问题
第四章	少广	24	16	开平方、开立方等计算问题
第五章	商功	28	24	体积的计算问题
第六章	均输	28	28	与运输、纳税有关的加权比例等问题
第七章	盈不足	20	17	盈亏问题的解法与比例问题
第八章	方程	18	19	线性方程组的应用问题
第九章	勾股	24	22	勾股定理及其应用问题
总计		246	202	

(二)聚焦数学建模,彰显数学价值

《普通高中数学课程标准(2017年版)》明确将"数学建模"作为数学学科的六大核心素养之一,与此同时,"建模、模型认知、模型建构、模型优化"也呈现在物理、化学、生物、信息技术、通用技术、美术等学科的核心素养当中,这些

学科核心素养所涉及的建模、模型认知和模型建构,是数学建模在不同学科情境下的具体应用,体现了数学建模在跨学科教学体系中的纽带和桥梁作用.鉴于数学建模素养在数学(M)与物理、化学、生物、信息技术、通用技术、美术(STEA 学科)等学科之间的强相关性,以数学文化为背景,融入 STEAM 教育理念,开展数学建模命题研究,有利于促进高中数学创新教育的发展,丰富早期数学创新人才的培育途径.例如,SIR[易感者(susceptible,S),感病者(infective,I),移出者(removal,R)]模型是用数学研究传染病的经典数学模型,该模型利用微分方程对传染病疫情发展进行预测,在一定条件下可以将微分方程转化为用高中的导数知识进行求解,不仅能拓展学生知识面,提升数学应用能力和数学建模素养,更能彰显数学的实用价值.

(三)融合 STEAM 理念,创新命题方式

在继承数学优秀传统文化的同时,要跳出纯数学知识背景的"禁锢",将数学文化命题的触角延伸到 STEA 学科领域及其他社会科学领域,如数学与生物、地理、体育、经济学、医学等,进一步拓宽情境化命题的领域和渠道.在此基础上,借鉴 STEA 学科和 PISA 测评的命题方式,尝试开发具有数学文化内涵的数学实验题、阅读写作题、识图作图题、辨析论述题等,切实体现学科融合的整体,发展学生创新意识、逻辑思维和批判性思维,培养动手能力、应变能力和数学表达能力,提升数学核心素养和 STEAM 素养.例如,请学生为一位已知身高且躯干与身高比为 0.58 的女士设计高跟鞋的高度,使该女士的身材符合黄金分割比例;在此基础上探索适合其他身高、躯干与身高比值的女士的高跟鞋高度,并提出更多改变躯干与身高的比值的创新举措,写成一篇限定篇幅的数学短文.

综上所述,数学文化是数学学科发展的灵魂,数学与 STEA 学科的融合是促进数学文化发展的强大推动力,基于 STEAM 的数学文化试题将进一步发挥"立德树人、服务选拔、导向教学"作用,为选拔和培养具有良好科学素养、批判思维、人文情怀和审美能力的数学创新人才助力.

第三节 基于数学建模素养考查的高考命题展望

高考如何考查数学建模素养?这是全体数学教育工作者十分关心的问

题.传统应用题设定的理想化情境不利于对学生的情境解读、模型假设和模型构建能力的考查,而数学建模竞赛和活动中的试题则需要大量的时间来合作完成,数学高考两个小时的答题时间无法完成此类试题,如何做到既能有效考查学生数学建模各环节的能力,又能在合适的考试时间内进行考查,这是摆在广大高考数学命题专家面前的难题,也是他们正在尝试突破的瓶颈.下面对北京师范大学数学科学学院主办 2020—2021 年的高中数学建模(应用)能力展示活动的测试题及一道高等数学改编题进行分类评析,为今后数学建模高考试题的命题方向提供参考.

一、试题分类评析

(一)代数型试题:

例1 中国汽车市场分为个人用车和商用车,根据中国汽车协会数据,2020 年 4 月份汽车销量同比增长 4.4%,增长主要归功于商用车.4 月份商用车销量增长近三分之一,个人用车销量下降 2.6%.基于这个消息,在 2019 年同期中国汽车市场个人用车占比约为_____.

[注]在统计学中,经常谈环比和同比,将本期数据与上期比较(如 2014 年 7 月份与 2014 年 6 月份相比较)叫环比,环比增长率 $=\dfrac{\text{本期数}-\text{上期数}}{\text{上期数}}\times 100\%$;一般来说,将本期数据与上一年同期比较(如 2014 年 7 月份与 2013 年 7 月份比较)叫同比,同比增长率 $=\dfrac{\text{本期数}-\text{同期数}}{\text{同期数}}\times 100\%$.

评析 本题以中国汽车市场的发展为背景,在介绍统计学概念"同比增长率"和"环比增长率"的同时,考查方程知识,要求学生具备情境解读能力和运算求解能力,体现了数学抽象、数学运算和数学建模核心素养.本题取材于现实生活,学生需仔细审题,假设在 2019 年 4 月中国汽车市场个人用车占比为 x,于是商用车占比为 $1-x$. 由 4 月份汽车销量同比增长 4.4%,这个增长幅度中有一部分是由商业车增长贡献的,另一部分是由个人用车增长贡献的,其中商业车增长幅度为 $\dfrac{1}{3}(1-x)$,个人用车增长幅度为 $-0.026x$,所以 $0.044 = \dfrac{1}{3}(1-x) - 0.026x$,从而解得 $x \approx 0.8$.

例2 司机上路最烦心的是堵车,而一旦车辆过多,超过饱和交通流量,就会大大阻碍车辆通行.专家认定,在通常环境下,饱和交通流量 Q 是车道宽度 W 的函数,即 $Q=f(W)$,在这个函数关系下有如表 4-3-1 所列对应数据.

表 4-3-1 数据列表

W/米	3.0	3.3	3.6	3.9	4.2	4.5	4.8	5.1
Q/(辆/小时)	1791	1868	1980	2127	2310	2528	2781	3069

(1)符合上述规律的 $f(W)$ 的表达式为 _____.
(2)解决这个问题的主要步骤(用文字表达)是 _____.

评析 本题以交通拥堵为背景,考查了饱和交通流量与车道宽度之间的函数关系,要求学生具备基本的数学应用意识和数学运算能力,渗透数学建模和数学运算素养.学生依题目中的数据关系画出散点图,看出此函数的图像是单调上升的曲线,因此考虑简单的二次函数,或者指数函数.先假设是二次函数,于是设 $f(W)=aW^2+bW+c$,任选三对数据代入,求得 $f(W)=196W^2-979W+2964$.再取其他数据代入这个函数式检验,发现完全吻合,因此不再考虑指数函数,并得出解决问题的主要步骤:①根据数据画出散点图;②根据散点图求函数;③对求得的函数进行检验.

例 3 某大学附中新建了学校食堂,每天三个年级有近 1200 人在学校食堂同时用午餐,午餐开放时间约 40 分钟.食堂制作了三类餐食,第一类是选餐,学生凭喜好在做好的大约 6 种菜和几种主食中任意选购;第二类是套餐,有炒饼、面条、盖饭三种,套餐性价比高,已盛装好,可直接取餐;第三类是西餐,西餐有特色.售饭窗口一共有 16 个,其中 10 个选餐窗口、4 个套餐窗口、2 个西餐窗口.试运行后,发现选餐窗口排队等候的人较多,有些学生受时间影响不得已而去套餐和西餐窗口购餐.为了更合理地设置窗口布局,增加学生的用餐满意度,学生会准备在用餐的学生中选出一些人进行问卷调查并设计出优化售饭窗口的方案.

(1)请你设计一下问卷调查的发放方案,并确定影响设定售饭窗口的相关因素;

(2)请你给出关于设计优化售饭窗口的数学表达式,并给出求解思路.

评析 本题以中学食堂窗口布局为背景,取材于学生身边的现实问题,考查了设定售饭窗口与相关因素的关系,要求学生具备基本的数学应用意识和数学运算能力,渗透逻辑推理、数学建模和数学运算素养.首先,要求调查对象应选取不同年级、不同性别的学生,采取分层随机抽样.样本量要适当,不能太少,比如在 1200 人中只取 15 人就太少了.考虑到相关因素主要有:①每类餐食窗口服务一个学生的平均时间;②学生对各类餐食品种的喜好人数或比例;③学生对排队时间的容忍度.其次,优化售饭窗口的设计目标可以是各窗口售饭的总时间相等,根据调查数据给出三类餐的购买倾向的人数比,以及购买每种餐食所需的时间,设有意购买选餐、套餐、西餐的人数比为 $mx:nx:x$,服务这三类人的每一个学生的时间比为(即打饭取餐时间,不包括排队等待时间)$ut:vt:t$,三类窗口的数量分别为 a,b,c,则只需保证每个窗口售饭时间一样长即可,即 $\frac{mx}{a} \cdot ut = \frac{nx}{b} \cdot vt = \frac{x}{c} \cdot t$,整理得 $\frac{mu}{a} = \frac{nv}{b} = \frac{1}{c}$. 不妨设 $r \approx \frac{1}{c}$,由 $a+b+c=16$,知 $mu+nv+1=16r$,根据调查数据得到 m,n,u,v,便可求出 r,则取 $a = \frac{mu}{r}, b = \frac{nv}{r}, c = \frac{1}{r}$. 因为 a,b,c 是正整数,根据 $\frac{mu}{r}, \frac{nv}{r}, \frac{1}{r}$ 与整数的接近程度及 $a+b+c=16$,确定 a,b,c 的值. 此题有一定的开放性,可以有不同的表达方式,其中几个重要因素不可缺失:每类餐食窗口服务一个学生的平均时间,学生对各类餐食品种的喜好人数或比例. 解答的过程须明确合理的目标,求的量须明确设出. 要求学生的回答能够自圆其说,有明确的表达式,目标明确,逻辑合理.

例 4 临床试验证实,接种新冠疫苗以后,机体都能产生一定滴度的保护性抗体(抗体滴度是用来衡量某种抗体识别特定抗原表位所需要的最低浓度). 但随着接种时间的延长,机体内的保护性抗体滴度会逐渐降低甚至消失,因此新冠疫苗接种第二针后需要接种第三针加强,使得抗体滴度能够继续维持较高水平. 如果某人在接种了第一针疫苗之后的第 22 天接种了第二针疫苗,在接种第二针之后的第 186 天接种了第三针疫苗,假设:

①每一次接种产生的抗体滴度,从接种之后的第 2 天算起,在第 14 天达到最高峰;

②抗体滴度达峰后会以每天 $p\%$ 的速率减少;

③第 n 天体内抗体滴度是各次接种产生的抗体随时间变化到此时的滴度的叠加;

④第 k 次接种疫苗激发机体产生的新增抗体滴度的最大值记作 a_k.

那么,这个人在接种第一针之后的第 n 天,体内抗体滴度与时间 n($n > 222$,$n \in \mathbf{N}$,单位:天)满足的关系式是_____.

评析 本题以接种新冠疫苗为背景,考查了指数型函数模型的应用,要求学生具备基本的情境解读能力、数学应用意识和数学运算能力,渗透数学建模和数学运算素养.学生可根据题目中的假设③,得到第三次接种后的某一天抗体的滴度是三次接种产生的抗体滴度之和.因此,第 $n(n>222)$ 天的抗体滴度是三次接种产生的最大抗体滴度衰减后的叠加.因为 $n>222$,所以三次接种产生的抗体都曾经到达最高峰,然后开始按照 $1-p\%$ 的速率衰减,从而得出关系式为 $a_1(1-p\%)^{n-14}+a_2(1-p\%)^{n-36}+a_3(1-p\%)^{n-222}, n>222, n\in \mathbf{N}$.

(二)几何型试题

例 5 东方红一号卫星是我国 1970 年 4 月 24 日发射的第一颗人造地球卫星,它标志着我国成为世界上第五个独立自主研制和发射人造地球卫星的国家.这颗卫星主要任务是试验、探测电离层和大气层密度,实际工作寿命是 28 天.为了使地面"听得见",卫星运行期间连续向地球发射"东方红"乐曲的信号;为了使地面"看得见",卫星外形被设计成由 72 面体组成的直径一米的球体,卫星运行时会产生一闪一闪的效果,易于地面观测,可以用肉眼看见.目前,已经升空 41 年的东方红一号卫星仍在环绕地球飞行.2021 年 1 月 12 日 13:21:02(协调世界时:coordinated universal time,UTC)时的数据显示东方红一号卫星的轨道为椭圆,离心率为 0.1054463,近地点高度 428 km,远地点高度 2033 km,轨道平面和地球赤道平面的夹角为 68.5°(图 4-3-1 和图 4-3-2).

试估算,在地球上能看到东方红一号卫星的区域面积占地球表面积的百分比大约是_____.

[注]可参考数据和公式:地球是近似的球体,其半径为 6400 km;卫星的轨道平面过地心;球冠表面积公式为 $S=2\pi Rh$,其中 R 是球半径,h 是球冠的高,如图 4-3-3 所示.

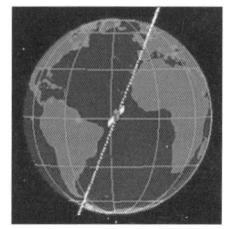 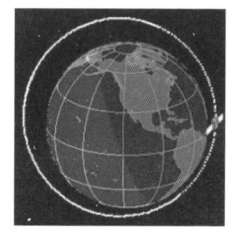 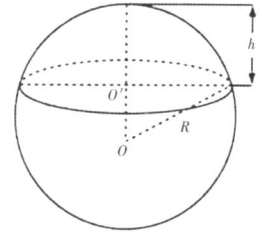

图 4-3-1 轨道平面切方向　　图 4-3-2 轨道平面法方向　　图 4-3-3 球冠示意

评析 本题以人造地球卫星为背景,考查球体的表面积,要求学生具备空间感知能力和数学运算能力,渗透直观想象、数学建模和数学运算素养.卫星轨道是一个椭圆,离心率大约只有0.1,很接近于一个圆,因此将卫星运行的近地点和远地点的平均数作为运行的卫星到地表的距离,即卫星到地表的距离 $\approx (428+2033)\div 2 = 1230.5$(千米),则卫星围绕地球的运动轨迹近似于以地球球心为圆心的圆周,那么在地球上就能够看到卫星的区域是一个环形带状区域,其面积等于球面面积减去两侧的球冠表面积.又因为轨道平面过地球球心,在图 4-3-4 所示的轨道平面法方向示意图中,设点 O 为地球球心,点 F 为卫星,点 Q 为环形带状区域边界上的点,FO 交圆于点 P,FP 即为卫星到地面的距离,则 $OQ \perp FQ$,$\triangle FOQ$ 是直角三角形.作 $QA \perp FO$,则

环形带状的面积 $= 4\pi R^2 - 2 \times 2\pi R(R-QA) = 4\pi R \cdot QA$.

又 $OA = \dfrac{OQ^2}{OF} = \dfrac{6400^2}{6400+1230.5} \approx 5368$,$QA = \sqrt{OQ^2 - OA^2} \approx 3485$,所以

$\dfrac{\text{环形带状区域的面积}}{\text{地球的表面积}} = \dfrac{4\pi R \cdot QA}{4\pi R^2} = \dfrac{QA}{R} = \dfrac{3485}{6400} \approx 54\%$.

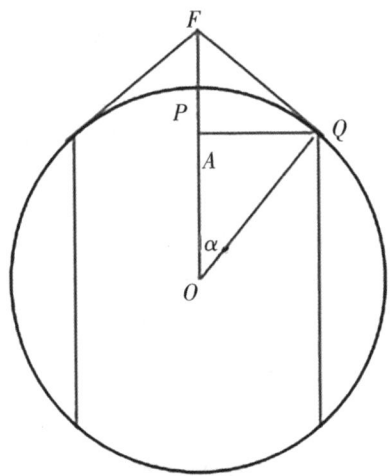

图 4-3-4 轨道平面法方向示意

(三)统计型试题

例 6 2020 年 11 月 11 日,国家统计局公布了 10 月份居民消费价格指数(CPI).报道称,2020 年 10 月份,全国居民生活消费品价格水平同比上涨 0.5%.12 月 15 日,国务院新闻办公室举行新闻发布会,国家统计局新闻发言人介绍说:随着经济复苏,居民消费价格指数(CPI)从年初"破 5"一路涨幅下

降,甚至在 11 月出现了近 11 年来 CPI 首次下降情况.

居民消费价格指数(consumer price index,CPI)是度量居民生活消费品价格水平随着时间变动的相对数,综合反映居民购买的生活消费品价格水平的变动情况.CPI 的计算公式是

$$CPI = \frac{当期居民生活消费品价格水平}{基期居民生活消费品价格水平} \times 100.$$

居民生活消费品价格水平简称为价格水平,它是一组固定商品价格的加权平均值.这里的"基期"是指某一个月(也可以是年),"当期"是指当下的月(或年),也可以表为基期之后的第 k 月(或第 k 年).CPI 实际上是一个对比性的结果,即用当期的价格水平除以基期的价格水平再乘以 100 得到的数值. CPI 的计算公式可变形为

$$\frac{第\,k\,月\,CPI}{100} = \frac{第\,k\,月价格水平}{基期价格水平}. \tag{*}$$

表 4-3-2 是国家统计局公布的部分经济数据.其中第二、三行为 2019 年、2020 年每个月的 CPI 数据,是把上一年同月作为基期进行对比性计算得到的.比如 2020 年 11 月的 CPI 就是以 2019 年 11 月为基期计算得到的.

另外,

$$同比增长率 = \frac{本月价格水平 - 去年同月价格水平}{去年同月价格水平},$$

$$环比增长率 = \frac{本月价格水平 - 上月价格水平}{上月价格水平}.$$

表 4-3-2　国家统计局公布的部分经济数据

月	1	2	3	4	5	6	7	8	9	10	11	12
2019 年各月的 CPI	101.7	101.5	102.3	102.5	102.7	102.7	102.8	102.8	103.0	103.8	104.5	104.5
2020 年各月的 CPI	105.4	105.2	104.3	103.3	102.4	102.5	102.7	102.4	101.7	100.5	99.5	
2020 年各月价格水平同比增长率										0.5%		

续表

月	1	2	3	4	5	6	7	8	9	10	11	12
2020年各月价格水平环比增长率	1.4%	0.8%	−1.2%	−0.9%	−0.8%	−0.1%	0.6%	0.4%	0.2%	−0.3%	−0.6%	

(1) 请你根据表 4-3-2，解释"2020 年 10 月份，全国居民生活消费品价格水平同比上涨 0.5%"中的"0.5%"是如何得出的？它是什么含义？并将 2020 年 1 月到 11 月的同比增长率用表列出.

(2) 请你解释"居民消费价格指数(CPI)从年初'破 5'一路涨幅下降"中的"破 5"是什么意思？"在 11 月出现了近 11 年来 CPI 首次下降情况"中的"下降"是什么意思？

(3) 以 2020 年 1 月为对比基期，利用表 4-3-2 中的相关数据计算 2020 年 11 月的全国居民消费价格指数(CPI).

评析 本题以居民消费价格指数(CPI)为背景，考查统计知识，要求学生具备分析数据和数学运算能力，渗透数学建模、数学运算和数据分析素养.具体解答如下：

(1) 由表 4-3-2 可知，2020 年 10 月 CPI 为 100.5，这个数据是以 2019 年 10 月为基期计算而得，由题中 CPI 的计算公式(*)知

$$\frac{2020 年 10 月价格水平}{2019 年 10 月价格水平} = \frac{2020 年 10 月 CPI}{100} = \frac{100.5}{100}.$$

又根据同比增长率的定义，有

$$2020 年 10 月同比增长率 = \frac{2020 年 10 月价格水平 - 2019 年 10 月价格水平}{2019 年 10 月价格水平}$$

$$= \frac{2020 年 10 月价格水平}{2019 年 10 月价格水平} - \frac{2019 年 10 月价格水平}{2019 年 10 月价格水平}$$

$$= \frac{100.5}{100} - 1 = 0.5\%$$

这就是"2020 年 10 月份，全国居民消费品价格水平同比上涨 0.5%"的计算方法.这里的 0.5% 就是指 2020 年 10 月的价格水平比 2019 年 10 月的价格水平上涨了 0.5%.

由于国家统计局公布的每个月的 CPI 数据是把上一年同月作为基期进行对比性计算得到的,由此可知,表 4-3-2 中的第 k 个月价格水平同比增长率的计算方法是

$$第\ k\ 月价格水平同比增长率 = \frac{第\ k\ 月\ \mathrm{CPI} - 100}{100},$$

于是可得到 2020 年 1 月到 11 月的价格水平同比增长率,见表 4-3-3.

表 4-3-3　2020 年 1 月到 11 月的价格水平同比增长率

月	1	2	3	4	5	6	7	8	9	10	11
价格水平同比增长率	5.4%	5.2%	4.3%	3.3%	2.4%	2.5%	2.7%	2.4%	1.7%	0.5%	−0.5%

(2)从上面计算的价格水平同比增长率数据可知,2020 年 1 月份 CPI 涨幅为 5.4%,"破 5"即涨幅超过 5%,即 2020 年 1 月的价格水平比 2019 年 1 月上涨超过了 5%.由(1)解中的计算知,2020 年 11 月的价格水平同比涨幅为 −0.5%,也就是说 2020 年 11 月的价格水平比 2019 年 11 月下降了 0.5%,即价格水平比去年同期低.

(3)由题目知,设定某个月为基期以后,此后的第 k 个月的 CPI 为

$$第\ k\ 月\ \mathrm{CPI} = \frac{第\ k\ 月价格水平}{基期价格水平} \times 100.$$

如果只知道对比性指标 CPI 以及价格水平环比增长率,而不知道某个月的具体价格水平,由 CPI 计算公式和价格水平环比增长率的计算公式可推算出第 k 个月的 CPI.即

$$第\ k\ 月\ \mathrm{CPI} = 100 \times \frac{第\ k\ 月价格水平}{第\ k-1\ 月价格水平} \times \frac{第\ k-1\ 月价格水平}{第\ k-2\ 月价格水平} \times \cdots \times \frac{第\ 2\ 月价格水平}{基期价格水平}.$$

由价格水平环比增长率的计算公式可知

$$\frac{第\ k\ 月价格水平}{第\ k-1\ 月价格水平} = 第\ k\ 月价格水平环比增长率 + 1,$$

于是第 k 月 CPI = 100 × (第 k 月环比增长率 + 1) × (第 $k-1$ 月环比增长率 + 1) × ⋯ × (第 2 月环比增长率 + 1).

现在是以 2020 年 1 月为对比基期,由表 4-3-2 的最后一行数据可计算出

$$2020 \text{ 年 } 11 \text{ 月 CPI} = 100 \times 0.994 \times 0.997 \times 1.002 \times$$
$$1.004 \times 1.006 \times 0.999 \times 0.992 \times$$
$$0.991 \times 0.988 \times 1.008$$
$$= 98.10.$$

即 2020 年 11 月的价格水平相对于 2020 年 1 月份下降了 1.9%.

(四)概率型试题

例 7 据新浪新闻消息,2020 年 10 月 27 日,河南某地小区一位业主在小区的电梯间张贴了一张引人注目的告示:各位业主,大家好!本人前几天门没有关好,扫地机器人自己跑出来找不到了,望有捡到者与我联系,不胜感激.据这位业主介绍,当时给机器人设定的是早上扫地,可能是因为忘记关门了,机器人扫着扫着就跑出门去了,自己两天后才发现.机器人真的会走失吗?现在一个扫地机器人在打开房门的矩形房间中工作,房门到与其垂直的墙面之间有一定的距离,而且房门口没有门槛等障碍物.

(1)较为先进的机器人可以从所在位置处出发,等可能地随机从相互垂直的两个方向选择一条路径,以平行于某一墙面的弓字形路线来回对全屋进行清扫,直至完成;对有障碍物的情况,机器人会识别障碍,在碰撞之前转向,如图 4-3-5 所示.这种较为先进的机器人从打开的家门"离家出走"的概率是_____.

(2)早期的扫地机器人装有避震的橡胶材料,在室内随机运动,当撞击到障碍物时就随机转向,如图 4-3-6 所示,直至清扫完毕.这种早期的扫地机器人从打开的房门"离家出走"的概率是_____.

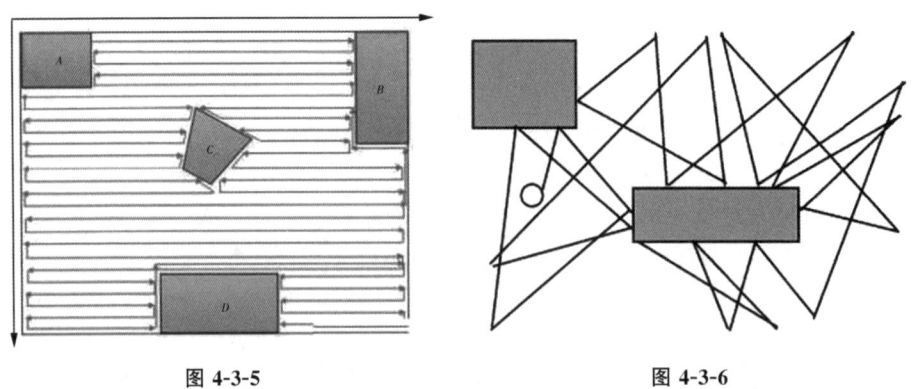

图 4-3-5　　　　　　　图 4-3-6

评析 本题以智能扫地机器人为背景,考查概率知识,要求学生具备数学应用意识和推理能力,渗透逻辑推理和数学建模素养.第一个问题学生可根据门在某一面墙上,且与墙角有一定的距离,若机器人清扫路线与门所在墙面平行,则机器人肯定出不去;若机器人清扫路线与门所在墙面垂直,机器人到达门口的时候,没有障碍物阻拦,就一定会出去.而两个清扫方向的选择是等可能的,所以机器人离家出走的概率是 $\frac{1}{2}$.第二个问题中机器人的方向选择是随机的,它将在有限时间内清扫完全屋的每个位置(除被家具等覆盖的地方),也就是说,机器人到达房间中任意一个没有障碍物的地点的概率是1,因此到达门口的概率是1,而门口无障碍物阻拦,所以会直接跑出去,即机器人离家出走的概率是1.

例8 2021年10月15日,在甘肃嘉峪关中医医院进行新冠肺炎核酸"10合1混采检测"时,有一管咽拭子结果异常,由此揭开了一个传播跨越多个地区的超长传播链."10合1混采检测"是在全员核酸检测中,每10人的咽拭子合进一个采样管一起检测.如果该采样管中检测出来的结果是阴性,就表示这10个人都是安全的.否则,立即对该混采的10个受检者暂时单独隔离,并重新采集单管拭子进行复核,以确定这10个人当中的阳性者.采用"10合1混采检测"模式,是为了确保在发生新冠肺炎疫情时,能够短时间内完成大规模全员核酸检测工作,降低新冠肺炎疫情在本地扩散风险.

(1)某地区共10万人,发现有输入性病例,需要进行全员核酸检测.预估新冠病毒感染率为万分之一,先进行"10合1混采检测",试估计这10万人在第一次混检之后可能需要进行第二次检测的平均人数,并估计对这个地区,这样的混检比一人一检大约能少使用多少份检测试剂?

(2)将(1)中的感染率分别改为十万分之一和十分之一,其他条件不变,估计10万人中可能需要进行第二次检测的平均人数.

(3)如果考虑"20合1混采检测",(1)中其他数据不变,估计总的试剂检测次数.

(4)对比(1)(2)(3)的结果,对你有什么启示?

评析 本题以新冠肺炎核酸检测为背景,考查概率知识,要求学生具备数学应用意识和推理能力,渗透逻辑推理和数学建模素养.由于 n 个人的咽拭子混合在一起检测时,设随机变量 X 表示这 n 个人一共所需的试剂检验次数.若第一次混检都是阴性,所需试剂检测次数为1,$X=1$;若是阳性,每人还得再单独检测一次,此时 $X=1+n$,且

$$p(X=1)=(1-p)^n, p(X=1+n)=1-(1-p)^n.$$

于是平均试剂检测次数是

$$E(X) = (1-p)^n + (1+n)[1-(1-p)^n] = 1 + n - n(1-p)^n.$$

若第一次混检都是阴性,所需试剂检测次数为 1;若是阳性,则需增加检测的平均次数是 $n - n(1-p)^n$.

(1)病毒感染率为万分之一,即 $p = 10^{-4}$,于是 10 万人中可能需要进行第二次检测的平均人数大约为

$$\frac{100000}{10}[10 - 10(1-10^{-4})^{10}] \approx 100000 \times (1 - 0.999) = 100.$$

即 10 万人可能需要再次检测的平均人数为 100.那么 10 万人一共需要的试剂检测次数为 10100,比一人一检少使用约 $100000 - 10100 = 89900$ 份检测试剂.

(2)若感染率 $p = 10^{-5}$,于是 10 万人中可能需要进行第二次检测的平均人数大约为

$$\frac{100000}{10}[10 - 10(1-10^{-5})^{10}] \approx 100000 \times (1 - 0.9999) = 10,$$

即 10 万人可能需要再次检测的平均人数为 10.

若感染率 $p = 0.1$,于是 10 万人中可能需要进行第二次检测的平均人数大约为

$$\frac{100000}{10}[10 - 10(1-0.1)^{10}] \approx 100000 \times (1 - 0.3487) = 65130.$$

在感染率 $p = 0.1$,"10 合 1 混采检测"情况下,将有约 65% 以上的人需要重新检测,总的试剂检测次数平均 75130 次.试剂检测的工作量并没有显著减少,而且因为需要重新检测的人比例太高,逐一通知以及隔离会大大增加工作量和资金负担,此种检测方法并不合适.

(3)如果考虑"20 合 1 混采检测",即 $n = 20$, $p = 10^{-4}$,有

$$\frac{100000}{20}[20 - 20(1-10^{-4})^{20}] \approx 100000 \times (1 - 0.998) = 200,$$

即 10 万人可能需要再次检测的平均人数为 200 人,总的试剂检测次数平均为 5200.

(4)由以上计算结果可知,对 10 万人,感染率为 10^{-4} 时,"10 合 1 混检"的平均试剂检测次数为 10100,"20 合 1 混检"的平均试剂检测次数仅为 5200 次.当感染率为 10^{-5} 时,"10 合 1 混检"的平均试剂检测次数为 10010.因此,当感染率较低时,可以适当增加混检人数,这样可以进一步大幅度降低工作量.

由上述对感染率为十分之一的计算可知,混检的工作量并没有显著减少.这表明,当感染率高时,混合检测不仅不能减少工作量,反而可能带来其他更

多的麻烦,此时混检就不合适了.因此,是否混检或混检分组人数的决定因素是感染率.

(五)综合型试题

例9 一年夏天,北京中关村科学院小区门口有个西瓜摊,摊主是魏姓大兴人,他卖瓜不称重,大瓜小瓜分着卖,大瓜的个头基本相当,每个 15 元;小瓜的个头也很均匀,每个 5 元.这天住在小区里的王教授和王太太夫妇来买西瓜,王太太看到很多人都在买小瓜,就凑了过去,却听见王教授说:"不买小的,买大的."

"大瓜的半径比小瓜的半径大不了一倍,可大的价格却是小的 3 倍呢……"王太太犹豫道.

王教授笑笑说:"瓜的大小要算体积,不是面积.那小瓜的半径大概是大瓜的 $\frac{2}{3}$,小瓜的体积不到大的 30%,大小瓜的皮厚差不多,当然买大的划算."

王太太疑惑地抱起了大个的西瓜,老魏看得目瞪口呆.

(1)你是否支持王教授的判断?请说明理由.

(2)请你替摊主老魏出个主意.同品种的大小瓜的半径比是 3∶2,大瓜如果卖 15 块钱一个,小瓜大概卖多少钱一个才能使得买大瓜小瓜都一样.

(提示:球的体积公式为 $V_{球}=\frac{4}{3}\pi r^3$,球的表面积公式为 $S_{球}=4\pi r^2$,其中 r 是球半径.)

评析 本题以王教授买瓜为背景,综合考查比例和球的体积知识,要求学生具备数学应用意识和空间感知能力,渗透直观想象、逻辑推理和数学建模素养.第一个问题是根据题目给出的条件,假设大西瓜的半径为 3 个单位,小西瓜的半径为 2 个单位,"划算不划算"是看瓜瓤的体积,而瓜瓤是整个瓜去皮所得.就经验而言,大瓜小瓜的瓜皮厚度差异不显著,可以近似地认为厚度相等.由此得到的结论是:支持王教授的观点.理由如下:

先比较瓜的体积.根据球的体积公式,有 $V_{大}:V_{小}=(3:2)^3=27:8$.于是,一个大瓜和三个小瓜的体积比是 27∶24=9∶8,即一个大瓜的体积比三个小瓜的体积之和大.

再比较瓜皮的体积.根据球的表面积公式,$S_{大}:S_{小}=(3:2)^2=9:4$.一个大瓜和三个小瓜的表面积比为 9∶12,即一个大瓜 的表面积比三个小瓜的表面积之和小.又因为大小瓜的瓜皮厚度近似相等,所以大瓜的瓜皮体积比三个小瓜瓜皮的体积之和小.

综上,一个大瓜相对于三个小瓜,瓜大皮少,也就是一个大瓜相对于三个小瓜的瓜瓤体积大.

对于第二个问题,一般来讲,购买大瓜和小瓜"都一样",习惯是指整个西瓜克重的单价一样,也可以说不论大瓜还是小瓜,其单位体积的价格是一样的.这时把小瓜的价格记作 a 元,则 $\dfrac{a}{15}=\dfrac{2^3}{3^3}$,得 $a=4.44$.也就是说,小瓜的售价是 4.4 元一个,买大瓜或买小瓜就没什么差异了.

例 10 每个人都是独特的,人与人千差万别.如果对所有的人用一个维度且区分度良好的方法去评价,可能只有个别人获得满分,不妨以满分作为优秀,就会导致优秀者寥寥.如果很多人都去争取优秀,因为机会很小,就不得不为小小的几分,甚至是为了 1 分的成绩,不惜代价拼命努力.即便如此,未必如愿.如果有甲、乙两个区分度良好的评价维度,基于人才选拔的需要,不仅在甲、乙维度上分别评出优秀者,还关注甲乙兼得的优秀者,这样优秀者的数量就会增多.在一个总分不超过正整数 p 的评价体系中,被评价者所得总评分可能是 $0,1,2,\cdots,p$,满分 p 即为优秀.若只有一个评价维度,便有且只有一种总评分的得分方式;如果有甲、乙两个维度的评价体系,所得总评分是甲、乙两个维度各自得分之和,那么每个总评分的得分方式就不止一种.定义评优率 r 为

$$r=\dfrac{\text{获得总评分为满分 }p\text{ 的得分方式的个数}}{\text{获得总评分不大于 }p\text{ 的得分方式的个数}}.$$

例如,若只有一个评价维度,则 $r=\dfrac{1}{p+1}$.请回答以下问题:

(1)在上述两个维度的评价方式中,评优率是多少?

(2)如果用三个维度评价,类似于二维的评价方法,评优率是多少?

(3)推测一下,如果评价维度 $n\geqslant 4$ 时,评优率是多少?由前面这些结果可以得到什么启发?

评析 本题以评价维度为背景,综合考查数列和几何知识,要求学生具备空间感知和数学运算能力,渗透直观想象、数学建模和数学运算素养.第一个问题是对于两个维度的评价,总评分是甲、乙两项分别得分之和,因此得分方式实际上可以用二维数组 (a,b) 表示,其中 a,b 均为非负整数,且 $a+b\leqslant p$.即所有得分方式构成集合 $\{(a,b)\mid a+b\leqslant p,a,b\in\mathbf{N}\}$.于是

$$(a,b)\text{ 的个数}=1+2+\cdots+(p+1)=\dfrac{[1+(p+1)](p+1)}{2},$$

其中满足 $a+b=p$ 的 (a,b) 有 $p+1$ 个.如图 4-3-7(以 $p=10$ 为例)所示，△AOB 内部及边上所有的整数格点就是所有的得分方式，得 10 分的方式位于线段 AB 上，共有 11 个，即 $p+1$ 个.因此，

二维评优率 $r=\dfrac{p+1}{1+2+\cdots+(p+1)}=\dfrac{p+1}{\dfrac{[1+(p+1)](p+1)}{2}}=\dfrac{2}{p+2}.$

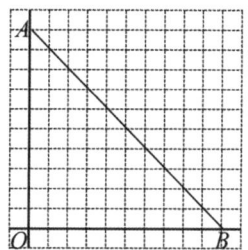

图 4-3-7　二维数组几何示意

第二个问题是对三个维度的评价，总评分是三个维度分别得分之和，因此得分方式实际上可以用三维数组 (a,b,c) 表示，其中 a,b,c 均为非负整数，且 $a+b+c\leqslant p$.这样的三维数组 (a,b,c) 对应的几何图形是三维直角坐标系中的直四面体 O-ABC 内部及各面上的所有整数格点，其中 $OA=OB=OC=p$，如图 4-3-8 所示.

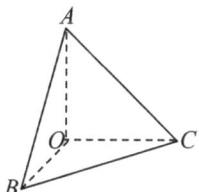

图 4-3-8　三维数组几何示意

这样的 (a,b,c) 个数可以从顶点 A 开始向下计算，在每个整数坐标处做平行于平面 BOC 的截面，一层一层计算这些截面内整数格点数量，共有 $p+1$ 层，第 k 层的整数格点数为 $1+2+\cdots+k$，则其和为

$$1+(1+2)+(1+2+3)+\cdots+[1+2+\cdots+(p+1)]=\sum_{k=1}^{p+1}\dfrac{(1+k)k}{2}.$$

满足 $a+b+c=p$ 的 (a,b,c) 对应于直四面体 O-ABC 的 ABC 面上的所

有整数格点,其个数为

$$1+2+\cdots+(p+1)=\frac{[1+(p+1)](p+1)}{2}.$$

于是,

$$三维评优率 r = \frac{\frac{[1+(p+1)](p+1)}{2}}{\sum_{k=1}^{p+1}\frac{(1+k)k}{2}}$$

$$= \frac{(p+1)(p+2)}{\frac{(p+1)(p+2)}{2}+\frac{(p+1)(p+2)(2p+3)}{6}} = \frac{3}{p+3}.$$

计算三维评优率也可以采用下面的方法:满足条件的整数组 (a,b,c) 的个数可以看成 p 个相同的球放入 4 个盒子中,将 4 个盒子看成由 3 个隔板"|"隔成,那么放在其中 3 个盒子里的球数不大于 p,也就是 $p+3$ 个元素占据 $p+3$ 个位置,其中 3 个是隔板"|",剩下的位置放球,因此,可区分的组合数为 C_{p+3}^3. 当 $a+b+c=p$ 时,(a,b,c) 的个数可以看成 p 个相同的球放入 3 个盒子中,将 3 个盒子看成由两个隔板"|"隔成,也就是 $p+2$ 个元素占据 $p+2$ 个位置,其中两个是"|",剩下位置放球. 可区分的组合数为 C_{p+2}^2. 因此

$$三维评优率 r = \frac{C_{p+2}^2}{C_{p+3}^3} = \frac{\frac{(p+2)(p+1)}{2}}{\frac{(p+3)(p+2)(p+1)}{3\times 2}} = \frac{3}{p+3}.$$

第三个问题是 n 个维度的评价,由前面给的算法可知,n 个维度时,

$$n 维评优率 r = \frac{C_{p+n-1}^{n-1}}{C_{p+n}^n} = \frac{n}{p+n}.$$

由此可见,随着评价维度的增加,评优率也会增加. 如果 $p=10$,一维的评优率是 $\frac{1}{11}$,约为 0.09;二维的评优率是 $\frac{2}{12}$,约为 0.17;三维的评优率是 $\frac{3}{13}$,约为 0.23. 随着维数的增加,优秀者就增加了很多,特别是 n 充分大时,r 趋于 1,这意味着,评价维度充分多,每个人都有机会成为优秀者,正所谓"多一把尺子就多一批好学生". 此外,这个结论从另一个角度揭示了一个有趣的结果:超高维多面体包含的格点数几乎全部集中在多面体的表面.

例 11 对地球半径的第一次估算通常归功于希腊天文学家埃拉托斯特尼(公元前 280—195 年). 埃拉托斯特尼住在位于埃及北部沿海的尼罗河口的亚历山大港,地理位置是北纬 31°12′,东经 29°15′. 塞恩市(即现在的阿斯旺)

是埃及南方的一个重要城市,位于尼罗河东岸,地理位置是北纬 $23°35'$,东经 $32°31'$,地球的北回归线几乎穿过这里.埃拉托斯特尼知道塞恩市有一口深井,每年"夏至"的中午,太阳光几乎直射到深井井底的水面.此外,埃拉托斯特尼认为亚历山大港位于塞恩市正北,亚历山大港和塞恩市之间有一条直路,长度大约为 5000 "体育场"("体育场"是古希腊的距离度量单位).在一个夏至的早晨,埃拉托斯特尼把一根直杆垂直地插在亚历山大港的地面上,他一直注视着直杆的影.到了中午,当影子的长度最短时,埃拉托斯特尼通过计算影子和直杆的长度关系,估算出照射到亚历山大港地面的阳光的光线与竖立的直杆之间的夹角大约是 $7°12'$.他判定此时阳光正好直射到塞恩市深井的井底.埃拉托斯特尼做了如下的假设:首先,地球是一个圆球的形状,半径记作 r;其次,太阳离地球非常远,以至于从太阳射在亚历山大港和塞恩市的光线是平行的.于是他得出了亚历山大港、塞恩市分别与地心之间两条连线的夹角近似为 $7°12'$ 的结论.将圆心角 θ(以度为单位)对应的弧长记作 s,圆的周长记作 $C=2\pi r$,则有

$$\frac{s}{C}=\frac{\theta}{360°}.$$

因此,$\dfrac{5000}{2\pi}=\dfrac{7°12'}{360°}$.进一步得到

$$r\approx 39789(\text{"体育场"})$$

如果我们知道一个"体育场"的英尺数,就可以把埃拉托斯特尼对地球半径的近似值换算成英里数.遗憾的是,古希腊有两个著名的体育场——雅典体育场和古奥林匹克体育场,雅典体育场的测量值是 607 英尺,古奥林匹克体育场的测量值是 631 英尺,后人不清楚埃拉托斯特尼用的是哪个测量值.如果我们采用较小的雅典体育场作为基本估值,得到埃拉托斯特尼估算的地球半径约为 4574 英里.而地球在赤道的半径公认为 3969 英里,在北极则少 13.5 英里,埃拉托斯特尼估算的地球半径比当今公认的数值大了约 600 英里.尽管如此,考虑到这是在 2250 年前得到的结果,还是非常了不起的.请你回答:

(1)有哪些因素和假设使得埃拉托斯特尼在测量和计算过程中产生了误差?

(2)计算以下情形的地球半径估计值,并将结果用表格列出(π 取 3.1415926).

①s 的取值为 $(5000)\pm 1$ "体育场";

②θ 的取值为 $(7°12')\pm 1°$;

③s 的值在 5000"体育场"基础上增减变化 1%；

④θ 的值在 7°12′基础上增减变化 1%.

(3)根据(2)的计算结果和下面关于灵敏度的定义,请判断:在距离 s 和角度 θ 的估算误差中,哪一个对地球半径估计值的精度影响(即灵敏度)更大? 说明理由.

[注] 函数 $y=f(x)$ 关于 x 的灵敏度是指:当 x 有一个微小变化的时候,y 的相对变化率与 x 的相对变化率的比值.对于固定的 x_0,y 关于 x 在 x_0 处的灵敏度可以近似地看成

$$\frac{f(x)-f(x_0)}{f(x_0)} \div \frac{x-x_0}{x_0}.$$

当 x 的相对变化率 $\left[\dfrac{x-x_0}{x_0}\right]$ 充分小时(比如不大于 1%),上述比值的绝对值越大,就认为 y 的取值对 x 的变化越敏感,否则就认为 y 的取值对 x 的变化越不敏感.

评析 本题以地球半径的估算为背景,综合考查函数、球体与统计知识,要求学生具备空间感知、分析数据和数学运算能力,渗透直观想象、数学建模、数学运算和数据分析素养.第一个问题中埃拉托斯特尼在测量和计算过程中产生的误差主要由以下四个因素或假设导致:

(Ⅰ)因为当时没有现代的测量工具和精确的度量单位,对直杆及其影子的长度度量不太准确,导致对角度的估算结果不是太准确;

(Ⅱ)由经度数据表明,亚历山大港不是处于塞恩的正北方;

(Ⅲ)亚历山大港与塞恩市之间的距离的估计不太准确,不一定刚好是 5000"体育场";

(Ⅳ)地球不是标准的球体.

第二个问题使用公式 $r=\dfrac{360°\cdot s}{2\pi\cdot\theta}$,选取不同的弧长 s 和圆心角 θ,在原始测量数据 $s=5000$"体育场"及 $\theta=7°12′$ 的基础上进行增减变化,重新计算 r 值,可以得到表 4-3-4 所列的结果(其中 $\pi=3.1415926$).(注:这里可不列出最后一列"灵敏度").

表 4-3-4　计算结果

距离 s(单位:"体育场")	角度 θ	半径 r(单位:"体育场")	灵敏度
5000(原始值)	7°12′=7.2°(原始值)	39789	

续表

距离 s（单位："体育场"）	角度 θ	半径 r（单位："体育场"）	灵敏度
5001＝5000＋1	7°12′＝7.2°	39797	1.005
4999＝5000－1	7°12′＝7.2°	39781	1.005
5000	6°12′＝6.2°（－1°）	46206	－1.16
5000	8°12′＝8.2°（＋1°）	34936	－0.88
4950（减少 1%）	7°12′＝7.2°	39391	1
5050（增加 1%）	7°12′＝7.2°	40187	1
5000	7.272°（增加 1%）	39395	－0.99
5000	7.128°（减少 1%）	40191	－1.01

第三个问题根据灵敏度的近似计算公式,可以计算出以上变化下的灵敏度近似值,见表 4-3-4 最后一列.由此可知,不管 s 取值如何,r 相对于 s 的灵敏度的绝对值都是 1,也就是对 s 的观测误差增加或者减少 $k\%$,r 的误差也增加或者减少 $k\%$,相对变化率的比值总是 1.当 θ 变化率为 1% 时,实际上 r 关于它的灵敏度的绝对值也近似为 1.所以,r 的相对误差关于 s 和 θ 的灵敏度是一样的.

从计算结果可以看到,θ 的相对变化率越大,r 关于它的灵敏度的绝对值就越小.由近似公式可知,r 关于 θ 的灵敏度绝对值近似为 $\frac{\theta_0}{\theta}=1 / \left(\frac{\theta-\theta_0}{\theta_0}+1\right)$,所以当 $\theta<\theta_0$ 时,θ 越小,r 的相对变化率就越大;当 $\theta>\theta_0$ 时,θ 越大,r 的相对变化率就越小.当然,这里所说的 θ 变化,必须在一定的范围内,即要将相对变化率 $\left[\frac{\theta-\theta_0}{\theta_0}\right]$ 控制在一定的范围内,太大了就不合理了.

（六）高等数学改编

例 12 SIR 模型是用数学研究传染病的经典数学模型.模型中把传染病流行范围内的人群分成三类:S 类,易感者(susceptible),指未得病者,但缺乏免疫能力,与感病者接触后容易受到感染;I 类,感染者(infective),指染上传染病的人,它可以传播给 S 类成员;R 类,移出者(removal),指被隔离,或因病愈而具有免疫力的人.该数学模型的假设条件为:

(1)三类人在总人数 N 中占的比例分别为 $S(t)$、$I(t)$ 和 $R(t)$,其中 t 为时间.

(2)一个病人一旦与易感者接触就必然具有传染力,人的日接触率为a,日治愈率为b。

我们利用上述信息及导数的意义,可以得到关于某时间t的感染者人数变化情况的方程为$NI'(t)=aNS(t)I(t)-bNI(t)$,即$I'(t)=aS(t)I(t)-bI(t)$。

① 请求出$R'(t),S'(t)$。

② 据有关研究发现,当$S(0)>\dfrac{b}{a}$时,疫情将蔓延,反之则不蔓延。现已知$a=0.8, S'(0)=-0.01568, R'(0)=0.004, I(0)=0.02$。请问疫情是否蔓延?说明理由。

评析 本题以传染病 SIR 模型为背景,考查微分方程知识,通过适当改编可以用高中的导数知识进行求解,要求学生具备情境解读和数学运算能力,渗透数学建模和数学运算素养。第一个问题由题意可得关于某时刻t的移出者人数即时变化情况的方程为$NR'(t)=bNI(t)$,则$R'(t)=bI(t)$;又因为$S(t)+I(t)+R(t)=1$,则$S(t)=1-I(t)-R(t)$,求导得$S'(t)=-I'(t)-R'(t)$,即$S'(t)=-I'(t)-R'(t)=-aS(t)I(t)+bI(t)-bI(t)=-aS(t)I(t)$。

第二个问题中,当$t=0$时,有$S'(0)=-aS(0)I(0)$,则$S(0)=-\dfrac{S'(0)}{aI(0)}=\dfrac{-0.01568}{0.8\times 0.02}=0.98$,由$R'(t)=bI(t)$,得$b=\dfrac{R'(0)}{I(0)}=\dfrac{0.004}{0.02}=0.2$。

因为$0.98>\dfrac{0.2}{0.8}=0.25$,所以$S(0)>\dfrac{b}{a}$,即疫情将蔓延。

二、思考与展望

从培养创新型、应用型、复合型人才的角度看,改革高中育人方式的同时,也应改革高考的评价方式,改革改卷的答题时间、命题形式、考查内容等,在高考中增加具有较强数学建模素养考查内涵的试题是大势所趋。例如,在试题问题背景与能力考查的相关性(例如,去掉问题背景无法作答)、模型假设的自主性和开放性(例如,不同的模型假设有不同的答案)、试题形式的多样性(例如,数学建模小论文)、考试时间的合理性(例如,考试时间增加到 3 小时)等方面进行探索,发挥高考的导向功能,推动数学创新教育改革,促进数学创新人才培养。

参考文献

[1]中华人民共和国教育部.中共中央、国务院印发《中国教育现代化2035》[EB/OL].(2019-02-23)[2021-06-06]. http://www.moe.gov.cn/jyb_xwfb/gzdt_gzdt/201902/t20190223_370857.html.

[2]徐稼红.中学数学应用与建模[M].苏州:苏州大学出版社,2001:10.

[3]徐斌艳,MATTHIAS L.中学生数学建模能力水平的实验分析[J].中学数学月刊,2007(11):1-2.

[4]鲁小莉,程靖,徐斌艳,等.学生数学建模素养的评价工具研究[J].课程·教材·教法,2019(2):100-106.

[5]杨静.国外高中生数学建模能力评价研究综述[J].数学教学,2017(9):45-49.

[6]安奕,任玉丹,韩奕帆等.PISA2021创造性思维测评及启示[J].中国考试,2019(11):71-78.

[7]朱立明.高中生数学学科核心素养测评指标体系的构建[J].教育科学,2020(4):29-37.

[8]宋乃庆,高鑫,陈珊.基础教育STEAM课程改革的路径探析[J].课程·教材·教法,2019(7):27-33.

[9]孙庆括.近十年高考数学文化命题的特征分析及启示[J].数学通报,2017(1):49-54.

[10]陈忞,陈珍国.A-STEM:跨学科融合教育价值重构[J].教育发展研究,2019(6):15-22.

[11]徐祥运,唐国尧.机器学习的哲学认识论:认识主体、认识深化与逻辑推理[J].科学技术哲学研究,2018(3):95-99.

[12]严必友.挖掘数学文化 践行学科育人[J].数学通报,2019(11):19-27.

[13]史少博.《周易》术数学的哲学价值[J].青岛科技大学学报(社会科学版),2005(2):98-101.

[14]陈玲.《周易》与中国传统数学[J].厦门大学学报(哲学社会科学版),2014(2):66-72.

[15]EDWARDS M T.Who was the real William Shakespeare[J].Mathematics teacher,2009,102(8):580-585.

[16]王斯文.探讨音乐与数学的关系[J].课程教育研究,2019(5):211-212.

第五章 中学生数学建模论文写作指导

第一节 数学建模论文的框架与内容

实际问题通过数学建模转化为纯数学问题,再通过数学运算求出这个数学问题的解,然后用求得的解来得出实际问题的解,这一流程是一个多次循环反复的过程.学生参与这个活动的过程,实际上是一种研究性学习的过程,是在学生已有数学知识基础上开展的自主学习和研究.

写数学建模研究报告(论文)对于学生而言并非易事,一方面,他们根本不知道写什么和怎么写,甚至不相信自己也能写论文,在选题和写作过程中会遇到困难;另一方面,用数学建模的方法解决实际问题,是一种微型科学研究的实践活动过程,研究就要强调培养协作精神,就要提倡互相交流、互相启发,这种交流和启发包括学生与学生之间,也包括学生与老师之间的双向交流和启发,因此教师及时、适当的指导工作就十分必要.

首先要明确撰写论文的目的.数学建模通常是由一些部门根据实际需要而提出的,也许那些部门还在经济上提供了资助,这时论文具有向特定部门汇报的目的,但即使在其他情况下,都要求对建模全过程做一个全面的、系统的小结,使有关的技术人员(竞赛时的阅卷人员)读了之后,相信模型假设的合理性,理解在建立模型过程中所用数学方法的适用性,从而确信该模型的数据和结论的科学性,放心地应用于实践中.当然,一篇好的论文是以作者所建立的数学模型的科学性为前提的.其次,要注意论文的条理性.下面就论文的各部分应当注意的地方做一些具体的分析.

一、研究报告的结构

(一)基本结构

数学建模研究报告(论文)由题目、摘要、关键词、正文、参考文献和附录六个部分组成,即"题目→摘要→关键词→正文→参考文献→附录".

(二)正文的基本内容

正文内容包括问题重述、问题分析、模型假设、符号说明与名词定义、模型建立、模型求解、模型检验、模型应用、模型评价、模型改进等.

二、各要素撰写要点

(一)题 目

题目是一篇文章的"身份证",对一篇文章的第一印象就从题目开始.题目中应该包含的信息:

(1)论文研究什么问题.

(2)大致用什么方法或什么模型(最好突出自己创新的部分).

(3)一个推荐的题目形式:《基于﹡﹡理论(模型,算法,方案)的﹡﹡问题的求解》.

(4)建议长度:主标题10~18字,若有副标题,副标题8~15字.

(二)摘 要

数学建模论文要求写出摘要.摘要是数学建模论文精华的提炼,是一篇文章的灵魂,看完摘要,一篇文章的研究对象、研究思路、创新点、实践情况、最终结果和自我评价等内容都能一目了然了.摘要撰写质量是论文给读者和评审专家的第一印象,要格外重视.

摘要的字数一般控制在500~800字,包括模型的主要特点、建模方法和主要结论等.摘要结构大致可概括为:

(1)综述:所求解的问题,对该问题定性,所使用的总模型或基本方法,字数一般在3~5行.

(2)创新点阐释:如果认为自己队伍做这道题目采用的方法很不寻常或者发现了一些其他文献中没有提到的规律,在此重点阐释.

(3)具体问题的解答:分问题说明在解答中是"基于＊＊理论建立了＊＊模型,采用＊＊方法求解,得到了＊＊结果".

(三)关键词

关键词主要是为了在论文检索时使用,因此所列写的词应是数学建模论文中的核心词,也可以理解为论文中反复提到的一些词.数学建模论文中的关键词一般为3~5个,具体可参考如下建议:

(1)其中一个关键词可以是待解决的问题(如"肾源分配"),或抽象出来的数学理论问题(如"指派问题").

(2)其中一个关键词可以是数学模型(如"0-1规划""微分方程").

(3)其中一个关键词可以说明算法、创新点或求解方法(如"模拟退火""蒙特卡洛仿真").

(4)剩下的1~2个可以根据实际情况而定.

(四)正　文

1.问题重述

在撰写论文时,应该把读者想象为对该研究问题一无所知或知之甚少的一个群体,因此首先要简单地说明问题的情景,即要说清事情的来龙去脉,列出必要数据,提出要解决的问题,并给出研究对象的关键信息.

问题重述反映学生对整个问题的理解程度,是将问题清晰化,更易于理解地进行重新表述,切忌大篇幅抄袭题目的文字,一般控制在A4纸本页以内.

2.问题分析

根据题目给出的背景、数据等信息,结合查阅文献所得信息内容,抓住问题本质、分析问题内在联系、理清研究思路.

3.模型假设

事物之间的联系纷繁复杂,需要找到问题的关键要素,去除干扰因素.模型假设,即理清什么能研究,什么不能研究,找出关键变量,去掉不能研究的变量.

模型假设反映了研究者对问题的理解和建立模型的方向,它是对实际问题的必要的、合理的简化.其主要有以下几点注意事项:

(1)假设一般4~6条,不要太多.

(2)不要假设题目中明确给出的条件,不要做"假设题目中所给数据属实"一类的假设.

(3)此处只写在以后的模型中都会或大部分会用到的假设,如果是只针对某一问的假设,就在相应问题的模型建立中提出.

4.符号说明与名词定义

在做出假设后,就可以在论文中引进变量及其记号,抽象而确切地表达它们的关系,可通过列表的方式对相关变量的符号说明和重要名词进行定义.

符号说明从一个侧面反映了研究者的建模倾向,同时考验研究团队的严谨程度和语言锤炼能力,应注意:

(1)符号说明中,对符号的解释最好不要超过20字.

(2)只说明之后大部分模型会使用的符号,个别问题中应用的符号可以在相应问题的模型建立中重新说明.

5.模型建立

模型建立是指通过一定的数学方法,建立方程式或归纳为其他形式的数学问题.此处,一定要用分析和论证的方法,即说理的方法,让读者清楚地了解得到模型的过程,上下文之间切忌逻辑推理过程中跳跃度过大,影响论文的说服力,需要推理和论证的地方,应该有推导的过程而且力求严谨;引用现成定理时,要先验证满足定理的条件.总之,要把得到数学模型的过程表达清楚,使读者获得判断模型科学性的依据.

模型建立是论文的核心,主要的公式、理论、模型、图表都在此给出,应占全文一半篇幅,可以采用问题一模型—模型求解—问题二模型—模型求解等形式,也可以采用所有模型—各模型的求解结果形式.

每一个数学模型都必须解释,解释内容包括变量含义、基于何种理论、有什么物理意义等,可以视其重要程度和复杂度有详有略.

模型的阐述要注意层次和技巧,一般是:

(1)首先给出某个科学理论.

(2)建立某种数学模型(给出数学表达形式作为模型).

(3)对所给模型进行解释.

6.模型求解

把实际问题归结为一定的数学问题后,就要求解或进行分析.在数值求解时应对计算方法进行说明,并给出所使用软件的名称或者给出计算程序(通常以附录形式给出),可以用计算机软件绘制曲线和曲面示意图,来形象地表达数值计算结果.

(1)说明求解方法：

①如果求解方程或代数式,则要说明方程中参数如何确定;如果方程比较复杂,还要说明是用什么方法求解的,求出的解是精确解还是大致走势.

②如果用软件求解优化模型,要说明使用软件的具体名称.

③如果有比较大的程序或使用了比较复杂的算法,应画程序流程图说明.

(2)说明求解结果:这部分是初判建模成果的依据,结果必须详细,一般要有关键点的准确数据,并提供相应的图形或表格.

7.模型检验

模型检验是指将模型分析结果与实际情形进行比较,以此来验证模型的准确性、合理性和适用性.如果模型与实际较吻合,则要对计算结果给出其实际含义,并进行解释;如果模型与实际吻合较差,则应该修改假设,再次重复建模过程.

8.模型应用

模型应用主要是将模型求出的结果应用到实际问题中,应注意:

(1)要根据实际问题大致分析自己解出的结果是否合理.

(2)对当前现实中的现象做出评价.

(3)根据所研究的模型和得出的结果,给出实际问题的建议.

9.模型评价与改进

模型评价是在建模和求解过程中对所建模型的看法,应包括优点和缺点,应实事求是地从求解速度、准确度、稳定性等方面进行评价.例如,可以就不同的情景,探索模型将如何变化;或可以根据实际情况,改变文章一开始所做的某些假设,指出导致数学模型的变化;还可以用不同的数值方法进行计算,并比较所得的结果;有时不妨拓广思路,考虑由于建模方法的不同选择而引起的变化.

(1)一般说4~6条,优点在前,优点要略多于缺点.

(2)在写缺点时可以写明必要的理由,如时间有限、硬件要求无法达到等,但不要写诸如"知识有限、能力有限"之类的文字.

对所建立模型的缺点进行评价后,要提出相应的改进方案.

(五)参考文献

引用别人的成果或其他公开的资料(包括网上查到的资料)必须按照规定的参考文献表述方式在正文引用处和参考文献中均明确列出.正文引用处用方括号标示参考文献的编号,参考文献按正文中的引用次序列出.

(1)书籍的表述方式为：

[编号]作者.书名[M].出版地:出版社,出版年:起止页码.

例如:[1]张奠宙,李士琦,李俊.数学教育学导论[M].北京:高等教育出版社,2003:1-5.

(2)期刊论文的表述方式为：

[编号]作者.论文名[J].杂志名,出版年,卷(期):起止页码.

例如:[2]陈德前.中考数学命题中应注意的新问题[J].中学数学研究,2010,9(1):26-29.

(3)网上资源的表述方式为：

[编号]主要责任者.电子文献题名[电子文献及载体类型标识].(发表或更新日期)[引用日期].网址.

例如:[3]王明亮.关于中国学术期刊标准化数据库系统工程的进展[EB/OL].(1998-08-16)[1998-10-04].http://www.cajcd.edu.cn/pub/wml.txt/980810-2.html.

(4)学位论文类的表述方式为：

[编号]作者.题名[D].保存地:保存单位,年份.

例如:[4]张和生.地质力学系统理论[D].太原:太原理工大学,1998.

(5)报纸文章的表达方式为：

[编号]主要责任者.文献题名[N].报纸名,出版日期(版次).

例如:[5]谢希德.创造学习的新思路[N].人民日报,1998-12-25(10).

(六) 附 录

计算程序,框图;各种求解演算过程,计算中间结果;各种图形、表格.

三、写作注意事项

(一) 图 形

图形是一篇论文最吸引目光的地方,图的数量和质量直接反映一篇论文的好坏.图形的注意事项有以下几点.

(1)每张图都要标号、命名.图的标号在每张图的下面,不可与图形分割为两页,标准格式为:"图1　＊＊＊＊",图有文饰图、示意图、趋势图、说明图、饼图、直方图、火柴图、雷达图、网络图、结构图等,尽量做严格准确的命名,要说清楚图要表达的具体内容.

(2)每张图都要说明.每张图下面紧跟的文字就是对图中反映的现象或结论的总结和说明,对图的说明务必详细,详细到即使不看图只看说明也大致可以知道图中有什么内容.

(3)图的大小要适中.图的大小要根据图的重要性和图所反映的信息量而定.一般容易将图贴的太大,而实际上一般图的大小不能超过一张纸的一半.

(4)图的标注要详尽.一般的图都要具备以下内容:图头的说明(可能会和下面起的图名重复,但还要写);每个坐标方向都要注明意义;每条曲线、每种点都要标注其意义.

(二) 表 格

表格是一次性展示大量数据或信息的有效途径,在论文撰写过程中应慎重处理表格.首先,表格看起来一般很烦琐,重要数据和信息容易被忽视;其次,表格中无用的信息一般较多,且所占篇幅很大.表格的注意事项有以下三点:

(1)每张表都要有对应的表名,表名标在表头处,标准格式:"表一　＊＊＊＊".

(2)表格下面要有对此表格的分析或解释.

(3)表中的重要数据要用适当方法标出.

(三) 公 式

公式是所构建模型好坏的最直接的反映.公式的书写一定要规范严谨.Word、MathType都可以打公式,数学公式一般使用MathType或WPS的公式编辑器.公式的注意事项有以下两点:

(1)每一个式子都要独占一行且居中,要在式子最后标注序号,要做到提到每个式子的时候只要提"式(＊)"就可以准确地表示对应的式子.

(2)式子一定要有解释,一般在式子的下面,主要说明之前没有提到的变量、式子的意义、理论基础或所包含的思想.

第二节 中学生数学建模优秀作品示例

 示例 | IMMC2019特等入围奖、第36届福建省青少年科技创新大赛二等奖作品

环境人口容量的模型化研究及其应用

作者:陈以镜

摘要:随着人口数量的不断增加,环境人口容量(即人口承载力)这一问题的解答已经迫在眉睫.本文在因素分析基础上,应用层次分析法(AHP)结合可持续发展理念建立新一代环境人口容量模型.应用该模型分别对全球和福建省当前条件和技术下的环境人口容量进行测算,并运用 Logistic 模型和灰色预测模型 GM(1,1)分别预测全球和福建省未来人口,并与环境人口容量进行对比,从而揭示出存在的问题.

关键字:环境人口容量;层次分析法(AHP);Logistic 模型;灰色预测模型 GM(1,1)

一、绪论

(一)选题背景及研究意义

地球是生命的家园,随着人类的发展,地球的生态、资源逐渐恶化与褪变.全球变暖、水资源污染、土地资源污染、不可再生能源的过度开采等问题给人类带来困扰,同时也使人类意识到地球的脆弱.根据联合国报告表明,由于人类的过度开发,自然环境已经受到严重威胁,鸟类、哺乳动物、鱼类均出现一定程度的濒临灭绝问题.当前,人地关系不协调问题,使人们日益迫切地想知道地球到底可以承载多少人口问题的答案.福建省是一个多山少地的东南沿海省份,根据《2018 年福建省国民经济和社会发展统计公报》,年末全省常住人口 3941 万人,稻谷种植面积 929.41 万亩,稻谷总产量 398.31 万吨,稻谷亩产只有 428 斤,人均稻谷产量只有 101 斤,矛盾非常突出[1].由此可见,环境人口容量(即人口承载力)已成为全人类共同关注的生存问题,研究它的影响因素、大小及其解决办法迫在眉睫,可以引导人类共同营造人与自然可持续发展的

和谐家园.

(二)研究现状

环境人口容量问题的前身可追溯到人口承载力的研究上,国外对人口承载力研究较早.马尔萨斯在《人口原理》中提出"增值—限制—均衡"原理可视为人口承载力研究的启蒙.而环境人口容量的研究真正开始于20世纪90年代初由加拿大大不列颠哥伦比亚大学规划与资源生态学教授里斯提出的生态足迹算法,其通过将人生产所需的各类资源转化为占用相应土地资源,对环境人口容量进行测算.国内也有一些学者进行了相关研究,如哈斯巴根等在《区域土地资源人口承载力理论模型及实证研究》中提出,人口容量由资源总量与环境容量共同决定,提出使用系统动力学模型对人口容量与区域人口承载现状的变化趋势进行测算[2];王冰和黄岱在《三峡库区可持续发展的环境人口容量分析》中提出"P-E-R"模型,通过综合评价环境的经济人口容量与环境的资源人口容量,对三峡地区环境人口容量进行测定[3];何慧在《基于EOP-MM模型的湖南省适度人口规模研究》中提出"EOP-MM"模型,通过研究经济与适度人口规模的关系,测算地区适度人口规模[4].

(三)技术路线

技术路线主要由以下五部分构成:

(1)查询已有资料,对影响环境人口容量的因素进行定性分析.

(2)根据因素内各变量对环境人口容量的影响,建立单因素环境人口容量模型.

(3)根据因素间的相互影响关系,建立多因素环境人口容量模型,并使用层次分析法(AHP)对权重进行确定.

(4)根据因素对环境人口容量的决定或影响关系,建立综合环境人口容量模型.

(5)通过搜集全球与福建省的数据,使用综合环境人口容量模型对上述两区域分布测算其环境人口容量的数值,并对地区未来人口进行预测与环境人口容量进行对比.

技术路线如图5-2-1所示.

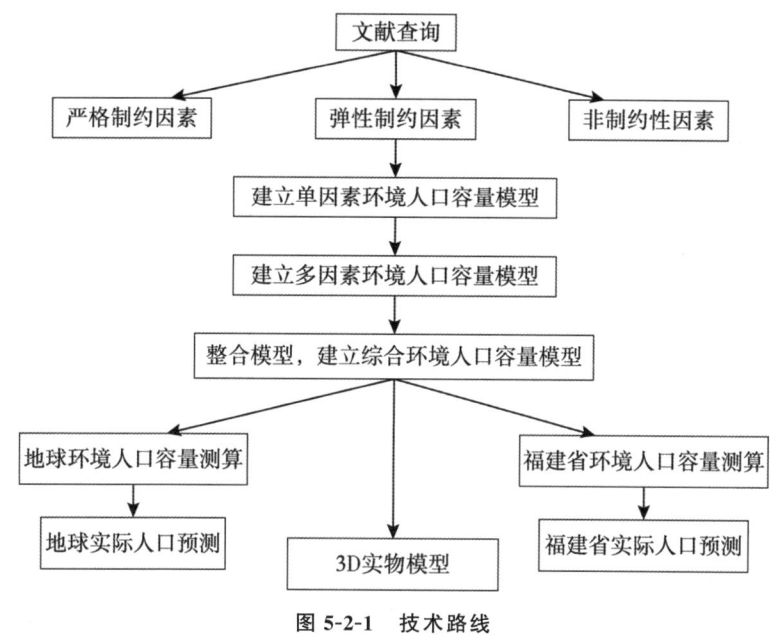

图 5-2-1　技术路线

二、环境人口容量的影响因素分析

(一)影响因素

环境人口容量指地区资源可承载的最大人口数.研究环境人口容量模型应从研究环境人口容量的影响因素开始.影响环境人口容量的主要因素见表5-2-1.

表 5-2-1　环境人口容量影响因素

类　型	影响因素	相关性	影响途径
严格制约因素	水资源	正相关	水是人类生命生存和生产发展不可或缺的重要资源,对生命活动有重大的影响,故而水是地球承载人类生命的主要因素
	粮食产量	正相关	食物是维系人类生命活动的主要能源,故而食物是承载人类生命的主要因素
弹性制约因素	环境资源	正相关	环境是人类赖以生存的空间,环境质量的提升对生态的可持续发展和人类的生存都有重要的意义
	居住空间	负相关	居住空间是人类所必需的,但个人过度占有居住空间,在空间大小恒定下,必缩减生产空间,使得环境人口容量下降.
	能源水平	正相关	人均最低能源使用量可被定量的,故而能源总量的提升意味着人口容量的增加

153

续表

类型	影响因素	相关性	影响途径
非制约性因素	科技发展水平	正相关	科技的进步,将更加高效、可持续地利用自然资源并改善环境,增加食品与清洁能源供应,从而提高地球的环境人口容量
	对外开放程度	正相关	对外开放程度越高,对外部资源的利用度亦高,促使资源与人口的自由流动,故而间接推动其余各个因素对环境人口容量的提升,使得地球承载人类生命的能力增强
	受教育程度	正相关	人类受教育的程度越高,对科技的推动性越强,从而间接提升地球的环境人口容量
	人类的生活和文化消费水平	负相关	人类的生活除了满足物质方面的需求,还有精神生活的需求,在一定总量限制条件下,精神文化的消费水平越高,环境人口容量就越小
	经济发展水平	正相关	在一定的人均消费标准下,地区经济发展的水平越高,推进科技进步和受教育程度提高,间接影响环境人口容量

注:相关性指环境人口容量与该因素之间的相关性.

在表 5-2-1 中,严格制约因素指其因素控制下的环境人口容量不允许被超越;弹性制约因素指其因素控制下的环境人口容量允许在一定范围内被突破;非制约性因素指其因素对环境人口容量的影响是通过其他因素间接作用的.

在上述的分析中可得出,严格制约因素是地区环境人口容量的直接决定性因素,因此水资源与粮食产量为地区资源可承载人口的优先决定因素.弹性制约因素中的居住空间取决于人均占地面积,与经济发展水平和科技水平息息相关.在当前的技术条件下,人类已经实现将居住空间向高空、地下与水面等方向扩展,以减少占地面积来增加环境人口容量,因此居住空间因素具有一定的弹性空间.非制约性因素对环境人口容量的影响具有间接性,如科技发展水平会影响到对水资源的开发利用、粮食产量的供给、环境污染物的排放、居住空间的占地面积等几乎所有其他因素,教育又通过科技产生连锁影响.由此可知,非制约性因素对环境人口容量所产生的叠加影响可能呈现出几何级数的影响.

(二)MindMap 呈现影响因素传导过程

环境人口容量影响因素传导过程如图 5-2-2 所示.

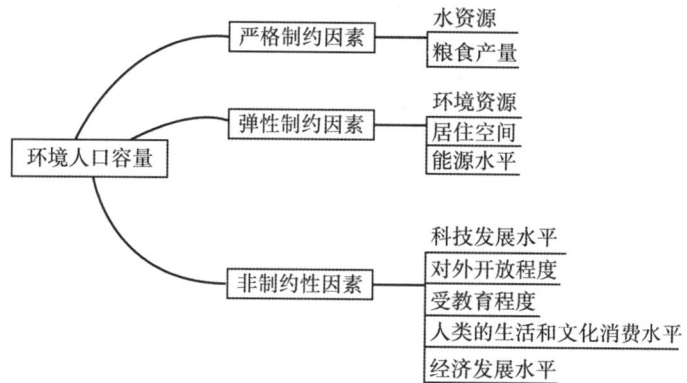

图 5-2-2　环境人口容量影响因素传导过程

三、建立环境人口容量模型

(一)单因素环境人口容量模型的建立

由上面分析得知,对环境人口容量影响的主要因素为水资源、粮食产量、环境资源、居住空间、能源水平、科技发展水平、对外开放程度、受教育程度、人类的生活和文化消费水平、经济发展水平,见表 5-2-2。

表 5-2-2　环境人口容量影响因素简表

类　别	因　　素
严格制约因素	水资源、粮食产量
弹性制约因素	环境资源、居住空间、能源水平
非制约性因素	科技发展水平、对外开放程度、受教育程度、人类的生活和文化消费水平、经济发展水平

在可持续发展的前提下,对各因素进行分析,建立单因素环境人口容量模型,如下:

(1)单因素(水资源、粮食产量、环境资源、能源水平、经济发展水平)可持续资源控制下的环境人口容量:其指标反映地区环境人口容量在该单因素可持续资源控制下的环境人口容量.记作:

$$R_i = \frac{\sum_{j=1}^{n_i} \frac{E_{ij}}{Q_{ij}} \cdot k_{ij}}{\sum_{j=1}^{n_i} k_{ij}}.$$ （公式1）

式中,E_{ij} 代表不同类型的地区可持续资源总量;Q_{ij} 代表不同类型可持续资源的人均占有量或人均消耗量；k_{ij} 为各指标的权重,体现出各个指标的重要性.

(2) 受教育程度、科技发展水平对环境人口容量的影响具有间接性,由前文分析得知,该因素的变动对环境人口容量可能呈几何数级的影响,影响所有因素,故受教育程度、科技发展水平可表示为乘数系数 f.

(3) 人类的生活和文化消费水平:该因素可由不同地区的经济发展指标体现,地区中不同人均经济指标的设立可间接看作人类的生活和文化消费水平.

(4) 居住空间:《2016 年国际统计年鉴》的数据显示可用于居住的建筑用地面积占陆地面积约 57%(可居住空间在这里指陆地面积减去耕地面积、多年生作物面积和森林面积后余下的可用于居住的建筑用地面积).根据前文分析,人类已经通过高空、地下、水面拓展居住空间,居住空间的弹性被成倍放大,因此居住空间实际上已经不构成地球人口容量的重要制约因素了,在此可忽略不计.

(5) 对外开放程度:对外开放程度通过对各因素资源总量的增加体现,故不需单独进行表现.

(二) 多因素环境人口容量模型的建立

综上分析,对环境人口容量有重要影响的五个因素为水资源、粮食产量、环境资源、能源水平、经济发展水平,由于各因素对环境人口容量存在相互作用,因此进一步对各单因素环境人口容量模型进行加权,建立多因素环境人口容量模型,如下:

$$\text{Multi}R = \frac{\sum_{i=1}^{n} a_i \cdot R_i}{\sum_{j=1}^{n} a_i} \cdot f. \qquad (公式2)$$

式中,$\text{Multi}R$ 为多因素环境人口容量指标；a_i 为权重(即各单因素可持续资源控制下环境人口容量的相对重要性系数),下文进一步探讨权重计算.

(三) 层次分析法(AHP)在多因素环境人口容量模型中的应用

为了确定各因素间和单一因素内各变量的相对重要性,本文采用层次分析法(AHP)来确定权重,以避免直接赋值的主观性.构建层级如图 5-2-3 所示.

图 5-2-3 描述了各因素所对应的各变量与因素间的关系,在建立模型中,先对评价准则层与最终决策目标层间相关联度进行测评.

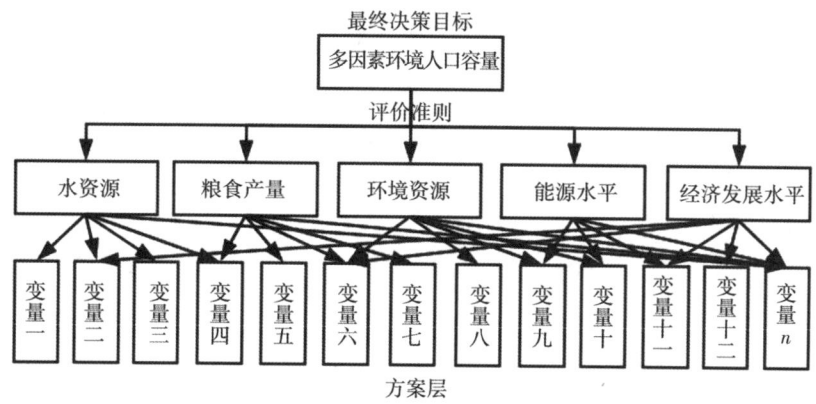

图 5-2-3 结构层级

引用数字 1~9 及其倒数作为标度,对各因素相对重要性进行量化,标度见表 5-2-3。

表 5-2-3 标度含义

标 度	含 义
1	两个因素相比,具有同样重要性
3	两个因素相比,前者比后者稍重要
5	两个因素相比,前者比后者明显重要
7	两个因素相比,前者比后者强烈重要
9	两个因素相比,前者比后者极端重要
2,4,6,8	上述相邻判断级的中间值
倒数	若因素 i 与因素 j 的重要性之比为 x_{ij},那么因素 j 与因素 i 的重要性之比为 $x_{ji}=\dfrac{1}{x_{ij}}$

为了避免各因素间相对重要性比较的主观性,本文采取德尔菲专家法来确定,从而建立两两因素比较相对重要性的判断矩阵,得出各个不同因素控制下的环境人口容量重要程度的量化值。判断矩阵见表 5-2-4。

表 5-2-4 判断矩阵 A

项 目	水资源	粮食产量	环境资源	能源水平	经济发展水平
水资源	1	$\dfrac{7}{3}$	6	5	9
粮食产量	$\dfrac{3}{7}$	1	3	9	5
环境资源	$\dfrac{1}{6}$	$\dfrac{1}{3}$	1	4	4

续表

项目	水资源	粮食产量	环境资源	能源水平	经济发展水平
能源水平	$\frac{1}{5}$	$\frac{1}{9}$	$\frac{1}{4}$	1	3
经济发展水平	$\frac{1}{9}$	$\frac{1}{5}$	$\frac{1}{4}$	$\frac{1}{3}$	1

输出矩阵为

$$A = \begin{bmatrix} 1 & \frac{7}{3} & 6 & 5 & 9 \\ \frac{3}{7} & 1 & 3 & 9 & 5 \\ \frac{1}{6} & \frac{1}{3} & 1 & 4 & 4 \\ \frac{1}{5} & \frac{1}{9} & \frac{1}{4} & 1 & 3 \\ \frac{1}{9} & \frac{1}{5} & \frac{1}{4} & \frac{1}{3} & 1 \end{bmatrix}.$$ （公式3）

由于得出矩阵的数量级不同,则导致不同决策层无法比较,于是使用Matlab将矩阵归一化处理,将矩阵数值整理到[0,1]范围内,将原来的量度值转化为无纲量的数值,由此得出权重。通过Matlab的运算得出各矩阵权向量见表5-2-5。

表5-2-5 权数值

项目	水资源	粮食产量	环境资源	能源水平	经济发展水平
权向量	0.47462	0.29839	0.12870	0.06115	0.03714

由于原始数据是由德尔菲专家法得到的,不可忽略其评分过程中存在的主观因素影响,为了确定在一定显著性水平下各平均值或各方差之间是否有显著性差异,故对其进行一致性检验。具体如下:

(1)由一致性检验的公式,得到矩阵一致性指标CI,其计算公式如下:

$$CI = \frac{\lambda_{max} - n}{n-1}$$ （公式4）

(2)由Saaty给出对于$n=1,\cdots,9$时的RI值,见表5-2-6。

表5-2-6 RI的值

n	1	2	3	4	5	6	7	8	9
RI	0	0	0.58	0.90	1.12	1.24	1.32	1.41	1.45

其中,RI 值是由随机方法构造 500 个样本矩阵:随机地从 1～9 及其倒数中抽取数字构造正互反矩阵,求得最大特征根的平均值 λ'_{max},公式如下:

$$\mathrm{RI} = \frac{\lambda'_{max} - n}{n - 1} \qquad (公式\ 5)$$

(3) 利用 RI 与 CI 的比值可以得到一致性比例 CR,公式如下:

$$\mathrm{CR} = \frac{\mathrm{CI}}{\mathrm{RI}} \qquad (公式\ 6)$$

当 CR<0.10 时,即判定矩阵通过一致性检验,否则不具有满意的一致性.在上文使用 Matlab 对矩阵计算,得出该矩阵的 CR 值为 0.098739<0.1,在误差允许范围内,说明上述计算出的单一限制因素控制下环境人口容量的权重数值是适合模型的.

故而得出多因素环境人口容量模型如下:

$$\mathrm{Multi}R = (0.47462 \cdot R_1 + 0.29839 \cdot R_2 + 0.12870 \cdot R_3 + \\ 0.06115 \cdot R_4 + 0.03714 \cdot R_5) \cdot f. \qquad (公式\ 7)$$

(四)环境人口容量模型的综合构建

人类具有社会性与自然性,环境人口容量不但需要考虑人生存的自然资源,还需考虑人生存所需的社会资源,但有两点是可知的:第一,社会性资源在环境人口容量中不存在决定性作用,也就是说社会因素不具有特定阈值;第二,自然性因素对环境人口容量存在决定性影响,其影响机制具有层次性,即当第一层级决定因素生产满足一定条件时,开始考虑下一层级的决定因素.在各对环境人口容量具有一定决定性的因素满足一定生存水平,即不需考虑其对环境人口容量的决定影响时,社会因素开始纳入考量范畴.此时的环境人口容量即与人口合理容量产生关联性,可建立解释模型,如图 5-2-4 所示.

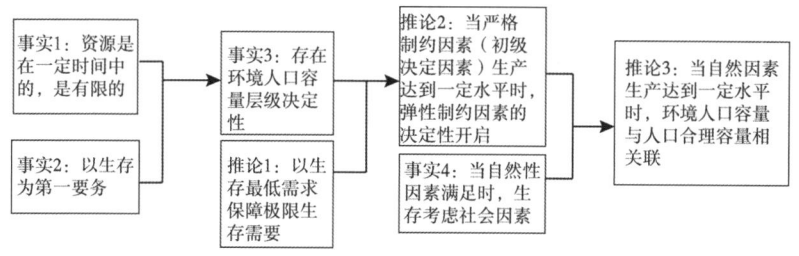

图 5-2-4　环境人口容量解释模型

由上述解释模型可知,环境人口容量是一个多层级决定模型,即当一个层级的影响因素满足一定生存条件,即不再需要考虑时,人类生存制约因素开始向下一层级决定因素转移.在水资源与粮食产量并不满足时,人类的生存主要被上述两个严格制约因素所限制,在上述两个因素的生存满足一定条件时,即人类生存暂时不受到威胁时,人类开始发展社会因素,增加社会因素对环境人口容量的影响.而今,环境问题的日益体现,使人们了解,环境对人类生存的重要性,即环境对人类生存造成决定性影响,故开始减少碳排放、减少环境污染以提升环境人口容量.

$$WNEEE = \min\{R_{water}, R_{nutrition}, MultiR\}. \qquad (公式8)$$

式中,WNEEE 表示环境人口容量指标.

四、环境人口容量模型的应用

(一)各因素中变量选取原则

环境人口容量各因素中变量选取是为了测定地区环境人口容量,对地区环境人口容量影响环境人口容量的因素进行分析,以提供有效提升环境人口容量的方案.其变量选取需遵守以下四个原则:

(1)客观性:变量的选取应遵守客观性原则,避免所选因素具有主观性,使测算结果准确、有效.

(2)可持续发展性:所选指标应具有可持续发展性,可持续发展性指标测算的环境人口容量,才是该地区可持续承载的环境人口容量,所测算的环境人口容量不会出现人地关系不协调问题.

(3)可操作性:所选变量应可以切实有效地代入模型进行测算,而非只能停留在定性层面,无法进一步定量操作.故所选变量应尽量选取统计年鉴与其他权威数据库中的数据,且应注意所选变量的统计口径是否相同.

(4)代表性:所选择指标应具有代表其因素总体特征的特点,不应将某一具有自身特殊性而将因素总体特性遮蔽的变量选入指标表中.如若出现因素中所含变量确实无法代表总体趋势的情况,可使用主成分分析法对变量进行代表性的化简(因为本文在单因素环境人口容量模型建立时已经将标度统一,故正常不会出现上述情况).

(二)地球环境人口容量测算与人口预测

1.地球环境人口容量测算

为估算单因素制约下环境人口容量,本文引用 2014 年的世界银行发布的数据(2014 年以后的数据存在残缺),对因素数据分析如下:

(1)水资源:在可持续发展的视角下,由于可再生淡水资源数值的不断下降,说明可再生淡水资源存在被人类过多的污染与人类淡水使用过多的问题,故本文选用"可再生淡水资源"作为水资源因素的具体考察指标.

(2)粮食产量:人一日所需要能量的摄取在现代生活中呈现出多元化的发

展趋势,即食用食物的种类越来越丰富,故而使用主要农作物的数量来反映地球的环境人口容量是不精确的,应使用能量指标(即人每日最低消耗量)对地球合理容量进行估计.

(3)环境资源:当前地球环境主要影响因素是温室效应,造成温室效应的主要气体包括二氧化碳、甲烷、臭氧、一氧化二氮、氟利昂等.在当今的污染物排放水平下,可通过不同水平的人均排放量来对地球环境人口容量进行估计.

(4)能源水平:能源分为一次能源与二次能源.在可持续发展的角度下,为了求得地球可持续承载的人口容量,本文选取可再生能源发电、核能发电量与石油、天然气和煤炭能源的发电量为指标进行测算.

(5)经济发展水平(或社会经济条件):在一定程度上反映了该地区人口的生活和文化消费水平,故最具有代表性经济指标选用国内生产总值(gross domestic product,GDP)与国民总收入(gross national income,GNI).

(6)受教育程度、科技发展水平:因为上述两个因素对环境人口容量具有间接影响.变量 f 可理解为相对指标,以当前科技水平为基数,可取值为1.

综上分析,建立对应的判断矩阵,代入 Matlab 中,进行归一化处理与一致性检验,最后对各指标进行层次总排序,形成权重分布如图 5-2-5 所示.

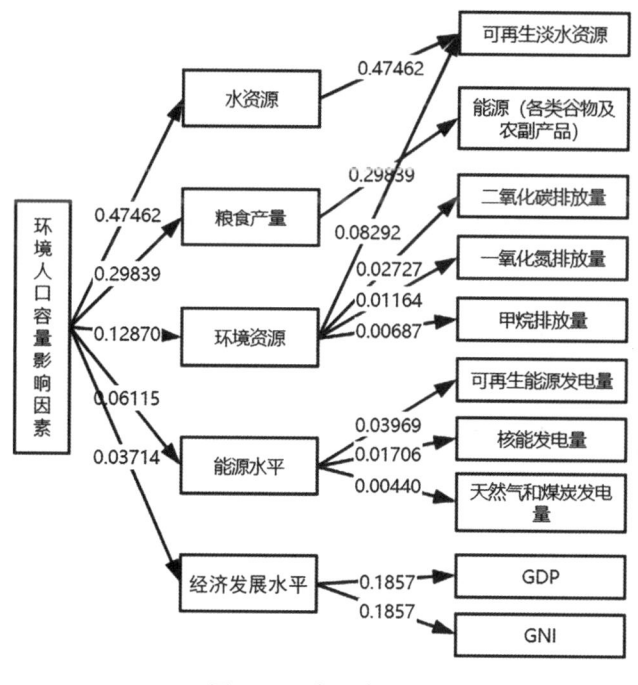

图 5-2-5 各因素权重

先取高、中、中低、低等四个层次收入国家的人均标准下对地球环境人口容量的估计,再通过对以上四个层次的环境人口容量估计进行加权平均(权重为各个层次的人口数占全球人口总量的比例),求得地球环境人口容量.

利用世界银行公布的全球数据,在对部分数据进行插值法处理后,代入模型求得不同标准下的地球环境人口容量,见表5-2-7.

表 5-2-7　地球环境人口容量数值(单位:亿人)

项 目	高	中	中低	低	多因素
水资源	98.50	98.50	98.50	98.50	98.50
粮食产量	139.00	139.00	139.00	139.00	139.00
环境资源	43.57	56.69	85.98	603.22	108.98
能源水平	34.80	106.81	173.61	450.18	439.05
经济发展水平	18.96	97.46	161.43	673.54	582.81
多因素	95.71	106.51	119.12	782.05	158.89
结论	95.71	98.50	98.50	98.50	98.50

由上可知,地球环境人口容量为 98.5 亿人,即为水资源约束下的地球环境人口容量,说明当前制约全球环境人口容量的约束因素为水资源.

2.Logistic 函数对全球人口峰值的测算

(1)建立 Logistic 的基础模型如下:

$$\frac{\mathrm{d}x}{\mathrm{d}t} = rx\left(1 - \frac{x}{x_m}\right), x(0) = x_0, \quad \text{(公式 9)}$$

并进一步通过将微分方程(公式 9)分离变量法求解得到:

$$x(t) = \frac{x_m}{1 + \left(\dfrac{x_m}{x_0} - 1\right)\mathrm{e}^{-rt}}. \quad \text{(公式 10)}$$

式中,x_m 为人口的最大值;x_0 为人口的初始值;r 为内禀增长值;x 为人口.内禀增长值指 x 为 0 时的增长率.

(2)自然和环境对人口的增长的阻滞作用主要体现在人口年增长率上,使人口年增长率随着人口数的增加而下降.将 r 表示为 x 的函数 $r(x)$,使用从世界银行获得的 1960 年至 2018 年全球人口数据,Matlab 对该函数进行线性回归,结果如图 5-2-6 所示.

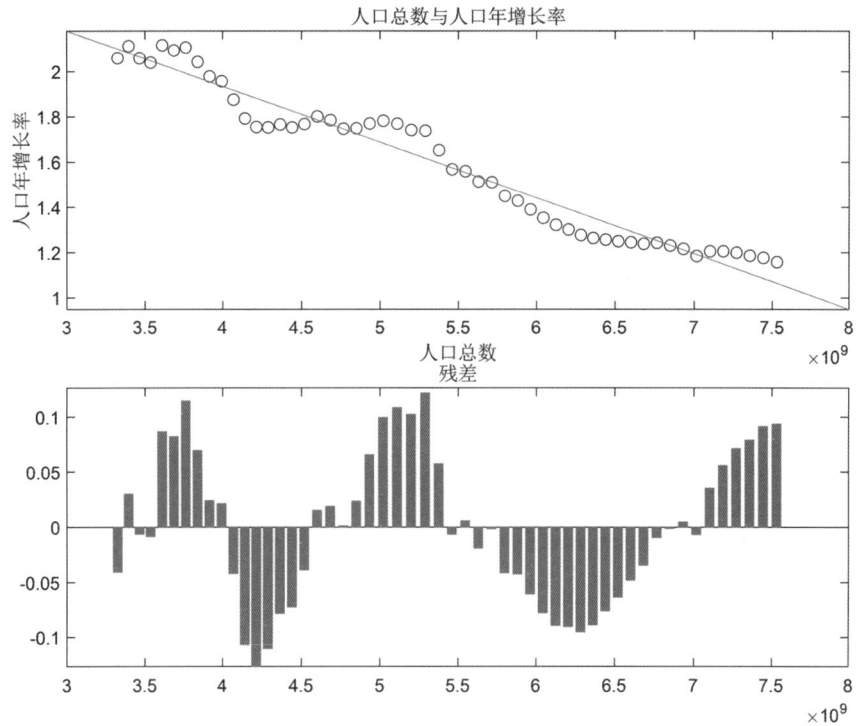

图 5-2-6 人口年增长率与人口数

由此可以得到人口的年增长率与人口数之间的关系为
$$r(x) = -2.4626 \cdot 10^{-10} \cdot x + 2.9187, R^2 = 0.9545 \qquad (公式11)$$

由 $R^2 = 0.9545$ 可知线性拟合度高,并由此可以推导出 Logistic 中所需值:

$x_m = 11851980444, r = 2.9187, x_0 = 3032160395.$

将其代入 Logistic 模型标准式,使用 SPSS 得到模型为

$$x(t) = \frac{11851980444}{1 + 2.4650 \mathrm{e}^{-2.9187t}}. \qquad (公式12)$$

绘出(公式 12)函数图像,如图 5-2-7 所示.

由上述可得到全球人口在未来可以达到的最大峰值为 118.5 亿人,而前文综合环境人口容量模型测算的地球环境人口容量为 98.5 亿人,两者间存在 20 亿人的差距.从上述计算结果可以得出:制约地球环境人口容量的首要因素是水资源,其次是环境资源和粮食产量.因此,在现有条件和技术下,存在地球环境无法承载未来人口的风险.

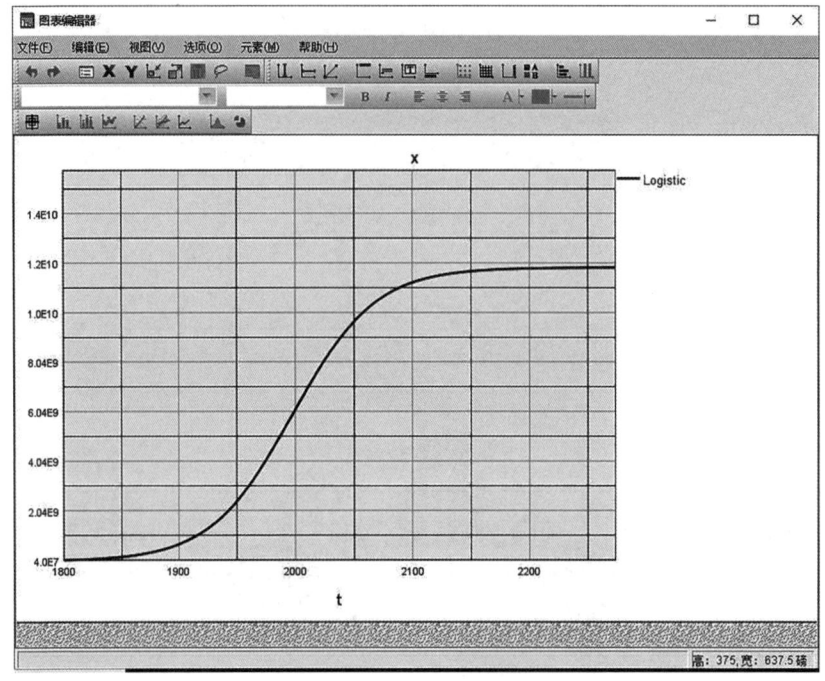

图 5-2-7　Logistic 函数图像

(三)福建省环境人口容量测算与人口预测

1.福建省环境人口容量测算

参考上述地球环境人口容量测算数据选择标准,结合福建省统计局与国家统计局公报数据,测算基于福建省当地资源的环境人口容量.同上步骤计算得到如图 5-2-8 所示结果.

通过使用国家统计局 2015 年数据(2015 年数据较完整且时间较新)对福建省环境人口容量进行测定.通过将数据代入模型,得到结果见表 5-2-8.

2.灰色预测模型 GM(1,1)对福建省人口的测算

由于福建省的人口数据记录年份较少,无法使用 Logistic 函数对福建省人口进行测算,故使用灰色预测模型 GM(1,1)对福建省未来人口进行测算.其基础模型为

$$\frac{\mathrm{d}x}{\mathrm{d}t}+ax=u.\tag{公式 13}$$

式中,x 为经过一次累加生成的数列;t 为时间;a 与 u 为待估参数,分别为发展灰数和内生控制灰数.

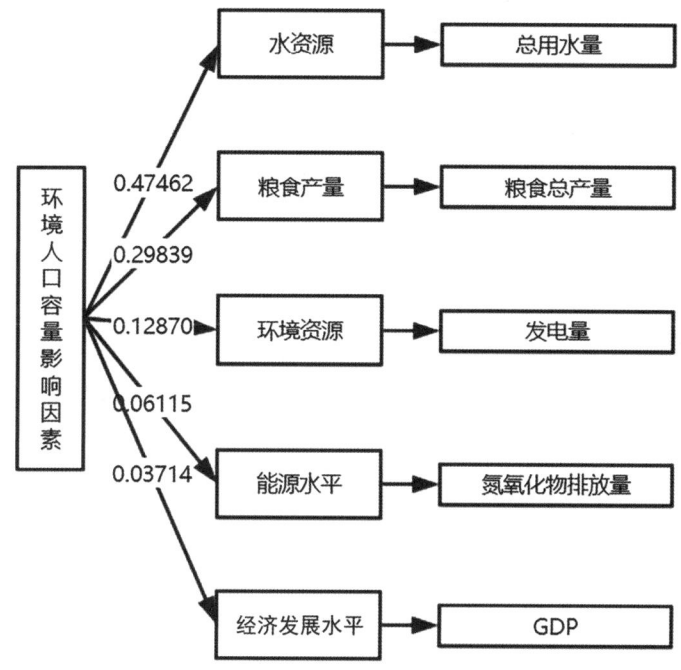

图 5-2-8 福建省环境人口容量各变量对应权重

表 5-2-8 福建省环境人口容量

项 目	环境人口容量/万人
水资源控制下的环境人口容量	6118.73
粮食产量控制下的环境人口容量	1322.20
环境资源控制下的环境人口容量	4236.00
能源水平控制下的环境人口容量	9467.13
经济发展水平控制下的环境人口容量	18557.01
多因素环境人口容量	4271.35
环境人口容量	1322.20

本文通过使用国家统计局统计的 2000—2017 年福建省人口数,进行灰色预测 GM(1,1),结果如图 5-2-9 所示.

通过预测结果,2027 年福建省人口总数将达到 4213.1 万人,与基于福建省当地资源下环境人口容量存在巨大差距,主要制约因素是粮食产量.与朱丽娟和伍博炜的《基于 P-R-E 模型的福建省主体功能区适度人口研究》与薛若晗的《基于生态足迹模型的福建省人口容量研究》的结论相近[5][6].这说明,当前福建省人地关系不协调性大,支持当前人口的资源主要来自省外资源,不断增长的

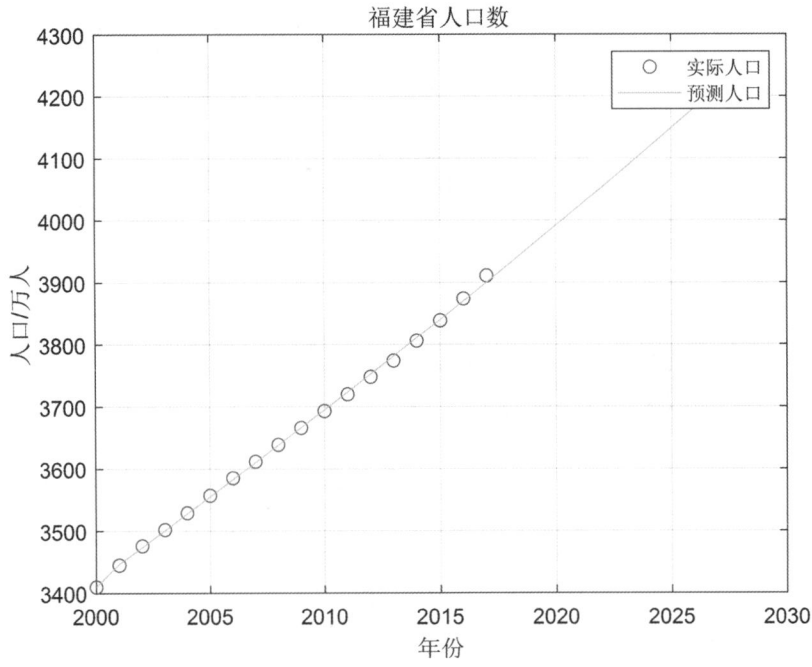

图 5-2-9 GM(1,1)预测福建省未来人口

人口可能导致福建省当地的生态压力与输出资源地区的生态压力进一步扩大.

(四)实物模型

通过世界银行发布数据结合环境人口容量模型对环境人口容量的测算,同当前各大洲实际人口数按一定比例缩放,得到实物模型如图 5-2-10 所示.

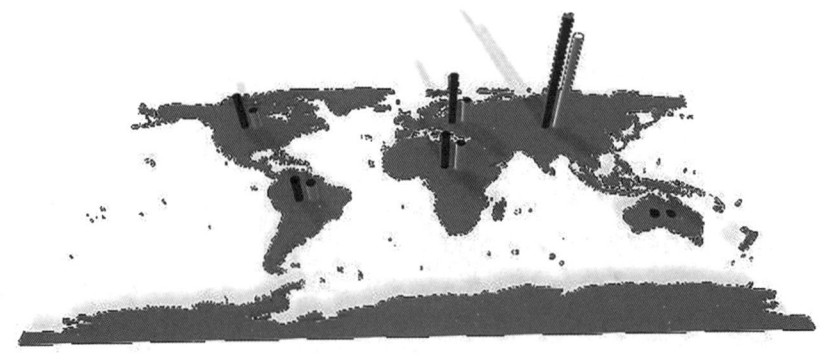

图 5-2-10　3D 实物模型

五、后续展望

通过上文比较,发现未来制约地球环境人口容量的前三大因素分别是水资源、环境资源和粮食产量,但解决瓶颈尚需从资源与人口分布的优化配置以及未来科技水平对资源量的精准提升等多个方面进行深入探讨.限于篇幅,本文尚未对福建省如何解决环境人口容量与实际人口峰值及其差距进行详细探讨,尚未对基于省外与省内资源融合的环境人口容量进行测算,使得所得基于省内资源的环境人口容量可能与实际人口数量相悖.

六、创新性与实用性

(一)创新性

(1)在研究前人创建的环境人口容量模型存在问题的基础上,创建了综合环境人口容量模型.

(2)建立的模型创新性地将地球环境人口容量与人口合理容量两者有机结合,使之在同一模型中同步体现,既可计算出环境人口容量,又可在资源满足的情况下计算出人口合理容量.

(3)建立的模型创新性地将各个环境人口容量的影响因素按不同的影响机制进行分类,并将不同因素对环境人口容量产生的不同影响机理反映在模型中,改变了各因素对环境人口容量的影响机理一致的观点.

(4)建立的模型通过层次分析法(AHP)充分展现出各因素与因素间相互影响关系对环境人口容量产生的作用,简化了系统动力学建模表达因素相互影响关系的过程.

(5)考虑资源的可持续性发展,对各单因素环境人口容量模型数据的选用、运算等方面充分贯彻可持续发展观,实现资源利用的最优化、人口数量的最大化、社会发展的最快化.

(6)创新性地将层次分析法(AHP)运用到环境人口容量模型中,进行权重确定.

(二)实用性

(1)意义大:模型测算所得结果可对政府、环保组织等单位的工作提供依据与参考,同时也让我们知道对生态环境的破坏就是对人类生存的迫害.

(2)范围广:建立的模型不但可用于测算环境人口容量,也可用于生物、地理等其他学科中.

(3)联系深:通过对模型的反向运算,所得其个人生活水平,不单可供其个人作为参考,对日常的生活、教育等方面均有联系.

(4)拓展强:可结合前人对某个因素的专业研究得出的该因素可承载的环

境人口容量进行综合运算,不仅使前人的研究结果更具价值,同时提升地球环境人口容量模型的测算精度.

参考文献

[1]福建省人民政府网.2018年福建省国民经济和社会发展统计公报站[EB/OL].(2019-02-25)[2019-03-15].http://www.fujian.gov.cn/zwgk/sjfb/tjgb/201902/t20190228_4775098.htm.

[2]哈斯巴根,李百岁,宝音,等.区域土地资源人口承载力理论模型及实证研究[J].地理科学,2008(2):53-58.

[3]王冰,黄岱.三峡库区可持续发展的环境人口容量分析[J].中国人口科学,2005(2):70-76,98.

[4]何慧.基于EOP-MM模型的湖南省适度人口规模研究[D].长沙:湖南师范大学,2011.

[5]朱丽娟,伍博炜.基于P-R-Z模型的福建省主体功能区适度人口研究[J].吉林师范大学学报(自然科学版),2015,36(1):153-156.

[6]薛若晗.基于生态足迹模型的福建省人口容量研究[J].安徽农业科学,2016,44(31):82-85.